UNE VILLE, UN VIN

Des nouvelles du vin

UNE VILLE, UN VIN

©2021 Manon Hervé

Dessin en couverture réalisé par Marie Sauve
Instagram : marie.s_he.art

Édition : BoD – Books on Demand, 12/14 rond-point des Champs-Élysées, 75008 Paris.
Impression : BoD - Books on Demand, Norderstedt, Allemagne.

ISBN : 9782322248773
Dépôt légal : avril 2021

Présentation

Une ville, c'est une culture, une architecture, ce sont des traditions, des vies qui se mélangent. Une ville c'est un quotidien, c'est une histoire. Ça se visite, ça se laisse admirer, ça se décrit, mais surtout ça se vit.

Un vin, c'est un climat, c'est un sol, c'est le fruit d'un travail acharné, c'est l'œuvre des hommes. Tout cela, on le sait, c'est un terroir. Un vin ça se produit, ça se déguste, ça se décrit aussi, mais surtout, ça se partage.

Partons donc à la découverte de ces villes et de ces vins, ces merveilles de notre monde.

01.
Mendoza, Malbec.

Mendoza, 17h.

On sort paisiblement de la douce torpeur de la *siesta mendocina*. L'air est chaud, lourd.

Mendoza en janvier, c'est une invite à la paresse. Sous ses trente-huit degrés quotidiens, on adopte plus vite qu'on ne le souhaiterait le rythme argentin. Argentin de la province, attention. On est bien loin de la bouillonnante Buenos Aires, de ses artères embouteillées, du vacarme de ses vendeurs ambulants, du tumulte des taxis et de l'indiscrétion de ses touristes. De ce *quilombo*, ce joyeux bordel.

Ici, on relativise. Chaque chose en son temps. La procrastination est de mise, plus qu'une particularité, c'est une coutume.

On est comme le raisin, on cherche les hauteurs. Capter un souffle d'air, une onde de fraîcheur. On investit les terrasses sur les toits. Pour respirer, pour apprécier la vue imprenable sur les Andes, majestueuses gardiennes de la diversité naturelle de ce coin du monde.

La cordillera, à l'ombre de laquelle poussent nos pieds de vignes. Sans elle, pas de culture possible. Mendoza est une oasis au milieu du désert, un désert aride que balaye un vent chaud et sec, el *viento zonda*, à l'haleine chargée de la saleté de la ville.

Seule l'altitude de ses reliefs permet la viticulture, préserve le raisin, lui évite de se transformer en confiture. Les nuits sont fraîches là-haut, une austérité bienvenue, promesse d'une acidité essentielle.

19h. Il est déjà l'heure de la *mediatarde*[1], cap sur le Parque San Martin, à l'ouest de la ville.

Le Parque General San Martin, c'est le véritable poumon vert de la ville. Le seul endroit au niveau du sol où l'on a l'impression de respirer. Face au lac, un café et une tortita, cette viennoiserie toute mendocine qui fait concurrence à la medialuna[2]. D'autres privilégient le maté, se partagent la bombilla. On répartit les alfajores.

---

[1] "le goûter" dans le jargon argentin
[2] Le croissant local

L'atmosphère est de plus en plus lourde, les nuages semblent chargés de grains de glace. On regarde le ciel, soucieux. S'il libère sa fureur, tous aux abris. Les tempêtes de grêle ne plaisantent pas ici. Dans la mesure du possible, rentrer au plus vite les voitures dans les garages. On en a perdu plus d'un, de parebrise, aux mains des grêlons.

On a perdu plus d'une *cosecha*[3] aussi, aux caprices du temps. Lorsque les billes de glace s'abattent, elles sont sans pitié : feuilles, baies, elles détruisent tout sur leur passage. On a beau installer des filets, répartir les sites de culture de la vigne pour amortir les dégâts, on y perd toujours quelque chose.

On prie en silence, pitié pas de pluie, pas de grêle. Ce soir, on a une fiesta dans une finca, un domaine à ciel ouvert. On n'est tellement peu habitué aux intempéries, sur la tierra del sol y del buen vino, que la moindre ombre au tableau nous semble être un désastre. Et puis on ne cachera pas qu'on aime bien exagérer, on a ça dans le sang. Le vent pousse les nuages, on est épargné. On pousse un soupir de soulagement, comme si notre vie en dépendait. On a rendez-vous dans une bodega à Maipu, pour faire la fête, *con los pibes*[4].

---

[3] "récolte" en espagnol
[4] "Avec les copains"

Maipu, c'est une des trois régions principales où l'on fait du vin à Mendoza. La plus proche de la ville, la plus simple d'approche dans l'élaboration de ses vins, ce qui ne signifie pas que la qualité n'est pas là. En réalité, on y trouve de tout. Du petit rouge d'apéro, accessible et commun, au bel assemblage de garde, qu'on chérit quelques années, mais pas trop longtemps non plus.

Maipu n'a pas la reconnaissance de son aînée, Lujan de Cuyo, la plus vieille région productrice. Elle n'a pas son expérience, son ancienneté. Lujan c'est un peu comme une grande sœur, ça fait tout bien, depuis plus longtemps, c'est un modèle, ça a acquis l'approbation des parents. Mais Maipu sort son épingle du jeu et se modernise. Elle essaye de toucher les jeunes, d'innover.

Ainsi, ce soir, c'est la fête à la bodega, *alta joda*. Echos des musiques entre les cuves, dancefloor au milieu des chais. La nuit s'écoule, on est un peu *en pedo*[5]. Ça résonne de *che boludo !* entre les parois du bâtiment, ça piétine le sol froid en se donnant de grandes tapes dans le dos, ça joue au danseur. Ça raconte des histoires, ça n'y croit pas, *te digo que si, posta*, ça se marre.

---

[5] "un peu saouls"

Lever de soleil au milieu des vignes, puisqu'aucune fête argentine digne de ce nom ne se termine avant l'aube. On s'allonge entre les ceps, on laisse le début de soleil nous réchauffer. On aperçoit les bourgeons à peine éclos, bien au-dessus de nos têtes, sur les *parrals*, ces pergolas locales sur lesquelles sont retenus les sarments pour relever les grappes du sol et leur offrir la protection des feuilles contre les coups de soleil.
On soupire.
Déjà, on est dimanche.

On en ressort tout étourdi, mais pas de temps à perdre. Le dimanche en Argentine, c'est familial. Et c'est sacré.
On s'entasse dans la Fiat 147, dans le coffre les glacières remplies de bouteilles au milieu des pains de glace. Le vin, on préfère le boire un peu trop frais qu'un peu trop chaud. Et comme il est impossible d'atteindre la température idéale dans cette fournaise...
On part chez tonton, à Tupungato, en plein cœur de la Vallée de Uco, la benjamine des trois. Nouvelle zone de production viticole, la Vallée de Uco se lance à l'assaut des montagnes. Elle veut conquérir les sommets, voir la vigne étendre ses racines là où l'imagination de l'homme frise la folie. L'altitude et l'amplitude thermique donnent au vin la

superbe structure caractéristique de cette région. Ce nouveau prodige, le monde entier nous l'envie. Conscients que l'avenir viticole se joue sur ces nouvelles terres, les Français eux-mêmes ont investi les lieux. On est fier comme leur coq.

Chez tonton, on retrouve la famille et les copains. Chacun a apporté sa contribution au festin. Sur la table, s'alignent les bouteilles de malbec. L'Argentine produit d'autres cépages, mais le Malbec est son drapeau, la fierté nationale. Alors on a beau bien les aimer, les Cabernet Sauvignon, Cabernet Franc, Merlot et autre Syrah, on veut bien en accepter quelques pourcentages, pourvu qu'ils apportent quelque chose à l'assemblage, mais qu'on ne nous emmerde pas trop avec ça. À Mendoza, le malbec est roi.

Et que le petit malin qui tiendrait à défendre l'origine française du malbec ne parle pas et se taise à jamais. Et puis, s'ils avaient su bien le faire, leur malbec, les Français, ils ne l'auraient sûrement pas appelé *mala boca*, en hommage à son mauvais goût. On l'a sauvé, leur raisin.

Dimanche, 16h. L'asado est à son paroxysme, la viande frétille sur les cendres du bois. Le filet qui s'en dégage vient chatouiller les narines, on peut passer à table. C'est prêt, *joya*.

On a déjà descendu quelques quilles en attendant, histoire de se chauffer l'estomac. Le chef des grillades n'est pas en reste, dans une main la pince, dans l'autre son verre. Pas question de prendre du retard.

De temps en temps, tonton balance un glaçon dans son verre de rouge. On en a des frissons, mais lorsqu'on lui en fait la remarque, il nous traite de snob. Qu'on ne vienne pas l'emmerder avec ça, il fait ce qu'il veut.

Le malbec coule à flots.

Parmi la multitude de bouteilles apportées, on n'a pas vraiment suivi la chronologie. On passe de vins riches et structurés à des vins fruités, légers, pour revenir à de la puissance aux arômes de bois.

Tour à tour, ça prend des saveurs de cerise, de prune, de mûres. Ça a bien trempé dans le bois, on le sent à la vanille qui prend le dessus parfois, aux épices douces, la cannelle, le tabac.

On termine avec le palais saturé, de tannins, d'alcool. D'acidité aussi pour équilibrer, pour les mieux faits.

À Mendoza, le malbec n'est pas une affaire de sommelier, c'est avant tout un gage de convivialité.

Et puis pour terminer, on boira bien un petit Fernet.

02.
Firenze, Chianti.

Firenze, 17h.

On se faufile au milieu de la foule qui remplit la Piazza della Signoria. Des hordes de touristes piétinent les dalles, se pressent autour de la reproduction du David. On a envie de leur crier que le véritable, le seul et l'unique, David se trouve à la Galleria dell'Accademia et qu'ils feraient mieux d'y aller et de libérer le passage.

Fin février à Firenze, c'est une promesse de jours meilleurs. On sort d'un hiver froid, on n'est pas si proche de la côte toscane, la continentalité se fait sentir. Dans la ville, plus trace de neige. Depuis la Piazzale Michelangelo, de l'autre côté de l'Arno, dans les hauteurs de la ville, on peut encore les voir, ces nappes blanches gelées, sentinelles de l'Apennin du Nord. Le regard fouille ces montagnes arrondies, petite extension des Alpes occidentales, qui se déclinent rapidement en collines, parsemant la région du Chianti. Firenze, nichée au creux de ces monts toscans verts, marrons ou blancs au gré des saisons.

Plus tout à fait en hiver, pas encore complètement au printemps.

Au mois de février, Firenze est coincée entre deux temps, sortie d'une dimension, pas encore vraiment entrée dans une autre. Si les touristes réapparaissent comme une éclosion de tulipes, le soleil se fait encore timide.

On se fraye un chemin, on essaye de passer entre les gouttes. On frissonne, l'humidité pénètre les vêtements, elle est sournoise, on ne peut rien contre elle. Même en été, elle est là, elle se mêle aux grosses chaleurs, elle se colle aux corps, implacable.

On marche en direction de la Biblioteca della Oblate, ce faisant, on entre dans le quartier de la Cattedrale di Santa Maria del Fiore. On évite soigneusement la Piazza del Duomo. On l'adore, le Duomo, ce miracle d'équilibre, ce génie de Brunelleschi, cet exploit architectural. Mais la cohue des visiteurs agglutinés les uns sur les autres, non merci.

Heureusement, la cathédrale est lancée à l'assaut des cieux, on en aperçoit la coupole au détour de chaque rue. Heureusement, on a un petit jardin secret d'où admirer le monument.

Sur le toit de la *bilioteca*, on profite du spectacle. Le Duomo nous fait face, il semble à portée de main. Majestueux, une prouesse technique, une beauté imposante. On peut même voir en arrière-plan le campanile de Giotto, aiguille indiquant le paradis.

19h. Pas de temps à perdre, l'heure de l'aperitivo a sonné.

On quitte notre point de vue, un peu à regret, on rejoint les rives de l'Arno. Si le centre historique s'est principalement construit au nord du fleuve, c'est plutôt de l'autre côté que la jeunesse florentine s'encanaille.

On ne résiste pas au bain de foule sur le Ponte Vecchio, c'est le chemin le plus court pour rejoindre l'autre bord.

Les touristes se pressent contre les vitrines des boutiques de luxe, au son des violons de musiciens racoleurs qui voudraient bien en retirer quelques pièces de tout ce tohu-bohu.

On se dit que, peut-être, ça ne serait pas si mal que les négoces du Ponte Vecchio soient toujours les commerces originaux. Point de bijoutiers, mais des bouchers, des charcutiers, à l'époque. Des tripes et du sang coulant sur les dalles, peut-être que l'affluence en serait moins grande. On en ressort essoufflé d'avoir joué des coudes.

Quelques mètres plus loin, on regarde en arrière. Finalement, de l'intérieur ce n'est qu'une galerie marchande de plus, c'est de l'extérieur qu'il s'admire, le Ponte Vecchio.

On rejoint le quartier de Santo Spirito où nous attendent les copains.

Ici, le désordre est différent. Le brouhaha ambiant est dominé par la langue de Dante. On n'est pas timide, en Italie, on n'est pas non plus connu pour la discrétion. À l'heure de l'aperitivo, on aime parler fort, avec les mains, tout en s'enfilant des antipasti arrosés de grandes rasades de Spritz, ce cocktail orange à l'Aperol imbibé de prosecco, qui fait fureur.

L'aperitivo se poursuit tard dans la nuit, accompagné de *crostini*, de fromages et de charcuteries toscanes sur fond de vins rouges. L'alcool a réchauffé les corps, l'engouement des discussions aussi. On refait le monde, on critique un peu, toujours, on ne s'écoute pas forcément parler, mais qu'est-ce qu'on est bien, tous ensemble, et qu'est-ce qu'on rigole.

On accompagne le bar jusqu'à sa fermeture, puis on rentre. On ne peut pas trop traîner, le lendemain, on va déjeuner chez tonton, à la campagne, comme on aime à dire.
Traversée de la ville en sens inverse.
La nuit est tombée depuis bien longtemps, les eaux de l'Arno brillent sous le clair de lune, les larges dalles de la Piazza di Santa Croce, à proximité de laquelle on vit, reflètent l'éclat lunaire.

Le lendemain, on quitte la ville à destination de Greve in Chianti. On traverse les zones viticoles de Chianti Rufina et de Chianti Colli Fiorentini. Direction la plus belle de toutes, selon tonton qui y vit, Chianti Classico. Il y tient à son appellation en Classico tonton, "la classification originale des terres, historique !" qu'il s'exclame à chacune de nos visites. Aujourd'hui, le Chianti s'est répandu dans un rayon de production plus vaste, les limites territoriales se sont élargies, "moi, j'étais là, le noyau dur, au tout début, mon père avant moi, et mon grand-père !"
Il est fier de son *gallo nero*, son coq noir, estampillé sur ses bouteilles, emblème de l'appellation d'origine protégée.
On mange à l'extérieur parce que l'air frais, c'est bon pour les idées, qu'il dit tonton.

Depuis Firenze, on s'est hissé en haut des collines, on a gagné quelques mètres d'altitude. Ici, les jours restent frais plus longtemps qu'en bas. Ils offrent au Sangiovese, le principal cépage du Chianti, le temps d'arriver lentement à maturité.

Cela lui procure la belle acidité qui le rend si versatile. C'est ce qu'on recherche, c'est ce qu'on aime, ce caractère changeant. Cette acidité qui vient faire équilibre avec le corps onctueux, essentielle face à l'importance des tanins et de l'alcool. Cette palette d'arômes, de la cerise noire à la tomate grillée par le soleil, ces notes prononcées d'herbes sèches, d'origan.

Tonton nous sert son vin en nous régalant d'un plat de *pasta* au sanglier accompagné d'une sauce au poivre. Un Chianti Classico Riserva, un cran au-dessus du Classico classique, deux années de vieillissement imposées par l'appellation, dont trois mois en bouteille.

On détecte les notes de café, sublimées par un passage en barrique. Le vin enrobe l'arôme poivré, les tanins sont présents sans être grossiers.

On mange toujours bien chez tonton, entrée à la pancetta, *primi e secondi piatti*, sans chichis, sans manière, mais on aime la bonne chair.

D'ailleurs, en parlant de sanglier, il nous raconte sa dernière mésaventure. "Je me suis mis dans un pétrin *Santa Maria* !". Les sangliers sont monnaie courante dans les collines du Chianti, ils sont des prédateurs sérieux pour les vignerons. Ils dévorent les grappes de raisins, piétinent les ceps de vigne, détruisent les sarments, il est donc tout naturel dans les contrées profondes du Chianti de les chasser à coup de fusil.

Ce matin, à l'aube, sûrement pas bien réveillé, tonton faisait sa ronde d'inspection dans ses vignes quand il a cru en entendre un, de sanglier. Ni une, ni deux, il a tiré.

Furieux, il nous explique qu'il ne s'agissait pas d'un sanglier, mais d'un des gars de Pietro, le vigneron voisin, occupé à tailler ses pieds de vignes. "Je ne l'ai pas touché, tu penses bien ! Mais il a eu une peur bleue, une telle frousse que maintenant, il porte plainte contre moi ! Qu'est-ce qu'il foutait dans mes rangs ? Il fait pleurer mes vignes et il ose porter plainte contre moi ? J'ai eu beau lui expliquer qu'il était sur mon domaine, il ne veut rien entendre, *che cazzo* ! La prochaine fois, ce ne sera pas des pâtes au sanglier que je vous servirai, mais des pâtes au gars de Pietro !"

Fou rire général. Tonton cède à l'hilarité et ressert un coup de rouge à tout le monde.

Qu'ils sont rustres, ces producteurs de la campagne du Chianti. Mais qu'ils sont vrais aussi.

03.
Cafayate, Torrontés.

Cafayate, 17h.
On arrive tout juste de Salta par la Ruta 68, on a traversé la superbe Quebrada de la Conchas, ses couleurs ocres et terracota, ses formations rocheuses spectaculaires, sa Garganta del Diablo, on a salué El Sapo au passage, c'est un petit rituel. On a klaxonné quelques Chevrolets blanches de location qui faisaient leur balade touristique à grand renfort de pauses photos un peu n'importe où.
La route débouche sur Cafayate.
Petit village niché au creux des Vallées Calchaquíes, Cafayate culmine à plus de 1700 mètres d'altitude. Dans un décor digne d'un western, les vignes se mêlent aux cactus, sur une terre ensoleillée et aride.
On a un peu de temps devant nous, on s'offre un petit *paseo* au milieu des bodegas. C'est beau, la vigne sous le

soleil du mois de mars, au pied des montagnes éternellement enneigées. Le ciel est clair, dégagé. Pour peu, on croirait qu'elles touchent le ciel, les vignes. Il faut dire qu'elles sont hautes.

Dans ce coin de l'Argentine, le cépage Torrontés règne en maître. Son cep est vigoureux, il n'est pas rare qu'il s'élève à deux mètres de haut ! Vigoureux, et productif. Il donne de nombreuses grappes chargées de belles baies dorées.

Les rangs sont parsemés, on a déjà ramassé sur de nombreux pieds.

La vendange des blancs a commencé, on est venu pour aider tonton. Cette nuit, on vendange la totalité des pieds, on vinifie dans la foulée. Pas de temps à perdre.

On monte un peu en altitude, le long de la Ruta 40, le vignoble de tonton dépasse les 2000 mètres d'altitude. C'est plutôt commun, cette hauteur, par ici, c'est un véritable atout. On est fier d'appartenir au vignoble le plus haut du monde. Ce n'est plus vrai depuis peu, le Tibet est le nouveau propriétaire de ce titre flatteur, mais on est argentin, l'hyperbole est notre meilleure amie, on prendra le temps qu'il nous faudra avant de reconnaître qu'on s'est fait dépasser.

On traverse une zone désertique. L'humidité est presque inexistante ici, l'irrigation dépend de l'eau des glaciers de montagnes. On a tout un système ingénieux qui permet de la récupérer.

Heureusement, le sol joue en notre avantage, il est sablonneux, caillouteux, il retient bien l'eau. Dans le désert, la vigne se bat, elle enfonce ses racines très profondément pour accéder aux nutriments qui permettent sa survie.

Ce climat spécifique se traduit par des baies de petite taille avec une forte concentration d'arômes. Le torrontés est un habitué de ces conditions difficiles, elles ne le rendent que meilleur.

On arrive chez tonton, on sort de la voiture, nos chaussures grattent le sol blanc, aride. On lève le nez en l'air, on est au pied des montagnes, on a beau connaître le coin, on est chaque fois plus impressionné.

19h. Le soleil s'est caché derrière les montagnes, on frissonne. Son éclat à peine disparu, l'air se refroidit considérablement. La région bénéficie d'une large amplitude thermique, les journées sont plutôt chaudes, les soirées sont froides. On peut avoir jusqu'à vingt degrés de différence entre le jour et la nuit. Pour les rouges, ça rend les peaux plus épaisses, ça donne des vins corsés. Dans le cas du torrontés, ça nous assure l'équilibre gagnant : une forte concentration en sucre et des baies dopées à l'acidité. On remonte la fermeture éclair de la polaire, jusqu'au nez, on va à la rencontre de tonton dans les chais. Les gars de tonton, certains employés, d'autres copains venus donner un coup de main, sont assis autour d'une palette sur laquelle trônent plusieurs assiettes d'empanadas accompagnées de verres de vin.

Il n'est pas commun de manger si tôt en Argentine, mais la soirée va être chargée, on a du boulot. On s'assoit pour casser la croûte avec eux. On écoute d'une oreille distraite leur discussion. Il est question de *plata*, de quelqu'un qui y a perdu *unos mangos*, on a besoin de *guita*... Les surnoms du *dinero* sont nombreux et variés dans le vocabulaire argentin, il faut dire que c'est un sujet qui passionne les foules. L'argent en Argentine, c'est toute une histoire, c'est un autre monde, tant qu'on n' y vit pas, on ne peut pas le comprendre.

Depuis plusieurs années, le pays traverse une longue et douloureuse crise économique qui semble sans issue. On a du mal à voir la lumière au bout du tunnel, nos économies fondent comme le chocolat dans le *submarino*[6]. La monnaie

---

[6] Lait chocolaté local : une barre de chocolat est plongée dans le lait, d'où l'image du sous-marin

nationale, le peso argentin, subit de récurrentes dévaluations et ne vaut plus grand-chose. L'inflation est le sujet de discussion numéro un du pays, trending topic depuis maintenant une vingtaine d'années. Quand on croit qu'on a touché le fond, que ça ne pourrait être pire, elle atteint de nouveaux records.

Alors on se plaint, de la baisse constante de notre pouvoir d'achat, du prix de la viande, des politiques corrompus, des gouvernements qui nous lâchent... Et on survit comme on peut, on magouille, on négocie, on fait des affaires, on recourt au dollar, quand on a le droit, une véritable économie parallèle, au noir, s'est construite, pieuvre qui déroule ses tentacules dans tous les secteurs. Rien ne va, au pays de Maradona.

Et pourtant, on est heureux, on profite de ce qu'on a, il y a la famille, les copains, on partage ce qu'on peut. Cette joie de vivre bien latine, on la porte en nous, on y est intrinsèquement lié.

On termine les dernières empanadas, on prend le temps de fumer une cigarette, *che conviame un pucho*[7], le paquet circule autour de la table de fortune.

Tonton sonne le glas du *descanso*, c'est parti, on a du pain sur la planche. L'équipe est divisée en deux groupes, une

---

[7] Expression locale pour demander une cigarette à quelqu'un

quinzaine de gars pour vendanger d'un côté, une demi-douzaine pour préparer les installations propres à la vinification.

Avec tonton, on va naviguer entre les deux, donner un coup de main ici et là. Garder un œil sur la totalité du processus, contrôler les opérations.

On commence dans les vignes. La nuit est tombée depuis plusieurs heures, les grappes de raisins ont eu le temps de refroidir. Faire la récolte de nuit permet d'avoir des baies en bon état à l'arrivée aux chais, la chaleur ayant tendance à les écraser, ce qui nous assure une barrière efficace contre l'oxydation. Et puis c'est moins cher, les raisins arrivent aux chais à une température déjà basse, on n'a pas besoin de dépenser argent et énergie pour les refroidir avant de lancer la vinification.

La majorité du domaine est vendangée mécaniquement. La machine passe dans chaque rang et secoue les vignes afin de faire tomber les baies, les gars vident les paniers dans de plus grands contenants entreposés sur un tracteur qui fait l'aller-retour entre nous et les chais.

Seule une petite parcelle doit être vendangée à la main, tonton produit une cuvée de vin effervescent et a pour cela besoin de grappes entières.

On circule entre les *parrales*, le torrontés est si haut grâce au système de palissage qu'il nous facilite grandement la manœuvre, on peut ramasser les grappes à hauteur du visage, c'est quand même un sacré avantage.

On rejoint l'équipe chargée de la vinification, tonton ne veut pas perdre une minute.

Il impose au raisin un pressurage pneumatique, lent et délicat, afin de préserver la pureté du fruit et ses arômes. Dans ce type de vinification, on veut à tout prix éviter le contact avec l'oxygène qui pourrait altérer le vin en devenir.

Les cuves sont en inox, seule l'une d'elles est en béton, tonton n'a pu s'en offrir qu'une, c'est déjà un gros investissement, ça vaut *diez lucas*[8] ces trucs-là. Mais cela représente, à terme, une économie d'argent puisque la température se régule naturellement à travers le béton durant la fermentation, alors que les cuves en inox nécessitent un équipement coûteux de contrôle de la température. Le blanc se fermente à une température basse, autour des douze degrés, afin de capturer les arômes volatiles, on n'a pas besoin de la couleur ni des tannins. Mais cette température voulue peut être difficile à maintenir dans la région de Cafayate.

---

[8] "une fortune"

On transvase le jus fraîchement pressé dans les cuves préalablement remplies de CO_2, celui-ci agissant comme répulsif de l'oxygène. Quelqu'un crie, *ojo!*, attention, une cuve a été oubliée.

Tonton engueule Jorge qui n'a pas préparé la cuve, l'autre lui répond, *me colgué*, cette façon très argentine de se justifier sans chercher d'excuse valable. On n'admet pas avoir oublié, on ne demande pas pardon, on s'est *colgué* et puis c'est tout. Punto final.

La nuit se poursuit, les tracteurs délivrent leurs chargements à l'entrée de l'édifice technique, pressurage, les cuves se remplissent. On arrive au bout.

La fermentation alcoolique durera une dizaine de jours, on évitera la fermentation malolactique en refroidissant, on sera bien obligé d'ajouter un peu de sulfites, autant pour son effet antioxydant que antibactérien.

Puis, on clarifiera. Le torrontés est un vin pâle, son apparence doit être irréprochable, pas de particules ou autre reste de cellule de levure, cela rebuterait le consommateur. Avec un peu de patience, les lies tomberont au fond de la cuve et on pourra effectuer la filtration indispensable à la transparence du vin que l'on souhaite.

Pas question d'élevage en barrique, ça ruinerait nos beaux efforts, on veut la fraîcheur des arômes. Retenir et mettre en valeur les arômes primaires du fruit.

Ça y est, on a tout, les derniers raisins, les dernières cuves, la vinification peut commencer.

On sort respirer, épuisé. Tonton nous rejoint, une bouteille à la main.

On rigole, du jus de raisin tout juste pressé ? Non merci, on a baigné dedans toute la nuit. Tonton sourit, non une bouteille de torrontés de l'année dernière, tout juste sortie du frigo. Il l'ouvre, on s'assoit à même le sol, le dos contre le mur du bâtiment technique. Les collègues nous rejoignent. Quelle épopée.

On se félicite à coup de grandes tapes dans le dos, on plonge le nez dans nos verres, on cherche la récompense dans ce bouquet si aromatique, on s'en délecte d'avance. On aime bien surnommer le torrontés *"la mentira"*[9]. Au nez, on croirait qu'il s'agit d'un vin doux. En bouche, il est bien sec, acide et croquant.

On trinque, on a réussi, on est tous des *capos*[10], tonton c'est Gardel, quelle nuit, *por dios*.

---

[9] "le mensonge"
[10] "des experts"

Le vin est vif, il nous maintient éveillé. C'est très floral, comme le torrontés doit l'être, les fleurs blanches, la rose. Une base d'agrumes, de pêche blanche, du zeste de citron. L'acidité est de mise, c'est tendu, ça nous émoustille le palais.

Le soleil se lève derrière la montagne, il darde sur nous ses premiers rayons. On lève son verre pour en percevoir l'éclat à travers le vin, ça se teinte de reflets, de l'or liquide. Sublime torrontés.

04.
Wellington, Pinot Noir.

Wellington, 17h.
On sort de l'entraînement. Sac de sport à la main, on quitte le stade, on rejoint les quais. On profite de la balade le long du *waterfront*, on a le temps sur le chemin du retour. On a souvent le temps en Nouvelle-Zélande, on est rarement stressé par l'heure qui tourne. La ville invite à la tranquillité. Héritage britannique, le flegme. Cette façon toute stoïque de faire face à l'adversité.
Wellington en avril, on se ramasse en pleine tête des bourrasques de vent provenant de l'océan. Été comme hiver, la brise marine ne connaît pas de répit. *Windy Welly.* On a pris l'habitude, ça ne nous dérange plus, on passe beaucoup moins de temps à se coiffer le matin.
On s'assoit un instant sur le port, face à la baie.

Derrière nous, la ville, dont le centre est ramassé autour des quais, prolifère dans les hauteurs, s'accroche aux collines, petites maisons parsemées dans la verdure.

Face à nous, l'étendue bleue de l'eau, les bateaux à voiles des marins du dimanche, les mouettes qui hurlent leur faim. On imagine, au loin, la pointe de l'île Sud. Le ferry qui débarque à Picton, reprend son souffle et fait le chemin inverse.

Le *waterfront* est rempli de promeneurs, soumis à la force du vent, échines courbées, ils ne paraissent pas moins heureux de discuter en marchant. On est plutôt détendu à Wellington. Téméraires, de jeunes gens se jettent à l'eau, glaciale, du haut d'un plongeoir improvisé. Ils pataugent un instant dans l'eau claire du port, puis ressortent, frigorifiés, mais fiers.

On se décide enfin à quitter les quais et l'impression de liberté qu'ils dégagent, on s'enfonce dans le centre-ville.

Cuba Street est, comme à son habitude, en pleine effervescence. Rue commerçante préférée de ses habitants, il est peu commun de la voir déserte, contrairement à de nombreuses autres artères de la capitale. Wellington ne se vit pas dans les grandes avenues du centre-ville. Les kiwis n'aiment pas se marcher dessus. Ils cultivent la vie de quartier, ou s'enfuient dans la nature.

Cuba Street est la seule à faire l'unanimité, son charme fou a conquis les touristes aussi bien que les locaux, d'où l'agitation ambiante.

On s'arrête prendre un café à emporter. On ne fait pas l'impasse sur le café, c'est une religion. On a la chance d'en avoir du bon, pourquoi s'en priver ? Il y a plusieurs années, les *coffee house* proposant leur propre café torréfié ont poussé comme des champignons. À l'instar des bars offrant leur bière artisanale maison. Wellington était *hipster* avant que le terme même n'existe. Mais hipster cool, pas hipster snob, culture kiwi oblige. Ne pas se prendre au sérieux, c'est le credo. Et ça rend tout tellement plus *awesome*.

On nous tend notre café, échange de *cheers mate, all good*, on est reparti.

On remonte, littéralement, Aro Street, rue en pente qui s'élève vers les monts surplombant la ville. Face au dairy, on prend à droite, on rentre à la maison, une ancienne baraque à l'anglaise reconvertie en colocation pour six personnes.

19h. On sort de la douche, les copains s'affairent déjà dans le jardin autour du barbecue. Ça sent le bacon grillé, *sweet as.* Les bouteilles de bière *Speight's* sont en nombre, on a une culture de *massive drinking* en Nouvelle-Zélande. La bière est la boisson la plus populaire, ça ne peut pas faire de mal. Encore faut-il voir les quantités ingurgitées.

La soirée est ponctuée d'humour anglais, de défis aussi improbables que ridicules, les joues rougissent, les esprits s'échauffent. On s'agite, on parle politique, on argumente, on négocie. Tout ça ponctué de centaines de *yeah-nah*, "oui j'entends ce que tu dis, non, je ne suis pas d'accord, tu as tout faux". Accompagnés de quelques *fair enough*, cléments. Le *kiwi slang* est un répertoire extrêmement riche dans lequel on pioche à volonté et que l'ivresse exagère.

On finit par sortir autour de Courtney Place pour un dernier verre. On voit bien le piège se refermer. Courtney Place est l'avenue qui concentre, avec Cuba Street, tout ce que Wellington a de restaurants, bars et boîtes de nuit. Les deux rues sont proches, formant à elles seules le micro-centre festif de la ville où la jeunesse débridée s'entasse à grands cris de "*skull, skull, skull it now!*" Cul-sec.

Le lendemain, le réveil est rude. On s'est bien amusé, *heaps of fun*[11] *indeed*, mais la journée va être longue. Les copains nous proposent une baignade couplée d'une sieste sur la petite plage d'Oriental Bay. *Keen*[12] ? On serait bien *keen* oui, on en rêve même, mais non, *yeah-nah*. On doit se préparer, tonton vient nous chercher pour passer la journée chez lui, à Martinborough.

Tonton est déjà là, on s'engouffre dans sa nouvelle voiture qui roule au GPL, ce carburant supposé propre, en tous cas moins nocif. Tonton ne cesse d'en vanter les mérites. C'est que l'écologie, en Nouvelle-Zélande, est un thème délicat. Alors que le pays est connu à l'international pour son développement durable, de l'intérieur, on s'aperçoit qu'il n'est pas aussi *green* qu'on le prétend, n'en déplaise aux verdoyantes collines et leurs moutons. Et tonton prend le sujet très à cœur, l'écologie ne peut être une simple préoccupation de bobos des villes, elle doit être l'affaire de tous !

On hoche la tête, on est d'accord, mais on a déjà entendu le refrain une centaine de fois. Et puis on se concentre sur la route pour ne pas vomir, entre la soirée de la veille et la

---
[11] "Des tonnes de fun"
[12] Kiwi slang pour "partant ?"

conduite sportive de tonton dans les courbes menant à son village, pas sûr qu'on arrive propre à destination.

Plusieurs miles plus tard, on est arrivé, on s'expulse de la voiture, on prend une grande bouffée d'air.

Martinborough.

Petite bourgade qui s'étale dans une large vallée, entre les monts Rimutaka et les collines Wairarapa, traversée par les touristes en route pour le Cape Palliser, elle est principalement connue pour ses vignobles et la qualité de son pinard, de son pinot noir.

On retire son imperméable, pas mécontent d'avoir quitté la ville. Ici, l'air est frais mais sec. On est protégé du vent maritime et des pluies les plus fortes par les montagnes qui agissent comme un *rain shadow.*

On suit tonton jusqu'à son vignoble, sur le plateau nommé Martinborough Terrace, où est regroupée la majorité des domaines viticoles, car le sol composé de graviers alluvionnaires y est idéal. Le drainage est excellent, l'hydratation des vignes est ainsi limitée, provoquant le stress hydrique nécessaire à la qualité des vins. Dans cette situation, plutôt que de développer un feuillage sauvage, la vigne garde ses forces pour produire de plus petites baies de raisin, plus concentrées, meilleures.

Tonton est en pleine vendange, il a déjà perdu du temps pour venir nous chercher, il va maintenant falloir se bouger. On est venu pour l'aider, on n'est pas là pour plaisanter.

Il est inquiet tonton, il regarde fréquemment le ciel avec anxiété. Les vendanges s'éternisent, il n'a pas autant de main d'œuvre qu'il le souhaiterait, et il a pris le risque de laisser son pinot noir mûrir plus longtemps. Il voulait un peu plus d'alcool, des tanins plus ronds, une acidité moins marquée, plus élégante. Et maintenant, il n'a qu'une peur, c'est que la pluie vienne ruiner tout son travail, tous ses efforts de patience.

Ni une, ni deux, un scalpel à la main, on se retrouve dans les rangs, aux côtés de trois Françaises qui travaillent là depuis quelques jours. Elles viennent de terminer les vendanges de sauvignon blanc en Marlborough, qu'elles comparent à Martinborough. Les mêmes longues heures de soleil qui vous réchauffent la peau malgré la fraîcheur des températures, les rares journées de pluie qu'elles ont eues à surmonter jusque-là, le froid des nuits en tente dans le camping où elles logent. Cette amplitude thermique, qui fait tellement de bien aux raisins et leur assure une maturité équilibrée tout en en concentrant les arômes, ne leur plaît pas, elle les empêche de dormir confortablement.

Elles s'enthousiasment de la hauteur des vignes en Nouvelle-Zélande. En France, elles doivent s'accroupir pour couper les grappes, à la fin de la journée, elles ont le dos en miettes. Ici, elles ont à peine besoin de se pencher, les raisins sont à portée de main. Ça rend la tâche bien plus agréable.

On écoute d'une oreille distraite le blabla incessant des filles, on est concentré pour ne pas se couper un doigt, ça nous fait rire quand on pense à tonton qui se plaint de sa main d'œuvre et de son rythme lent.

Tonton râle mais il les aime bien, les Françaises. En fin de journée, il les initie au foulage traditionnel. Debout dans les cuves, dans la mélasse de jus de raisin et de moût, enfoncées jusqu'aux cuisses, elles pataugent en cercle. Elles ont à peine pris le temps de se laver les pieds après une journée de vendange. La fermentation alcoolique tuera les microbes, sourit tonton en haussant les épaules. Et les sulfites feront leur travail antibactérien.

Tonton est de meilleure humeur, il coupe des tranches de fromage de brebis aux herbes et ouvre une bouteille de pinot noir. On s'installe à l'entrée des chais, petite célébration informelle d'une vendange encore en cours.

On apprécie l'élégance du vin, son intensité délicate, la complexité des arômes qui vont de la cerise noire au bois, libérant des notes d'épices. Ici, le pinot noir est plus boisé qu'on ne le fait en Bourgogne, sa terre d'origine. Jamais trop, il ne faut pas que le bois l'emporte sur le reste, mais on aime bien. Une belle structure tannique soutenue par la barrique ça donne une bonne longueur en bouche.
Quelques discrets arômes tertiaires de ferme et de basse-cour viennent sublimer le fromage de brebis. On se régale.
Tonton nous dit que quand même, c'est meilleur que ce qu'ils font en Central Otago. On sourit, ils ont d'excellents pinot noir dans l'île du sud, et puis ils se prennent du gel dans les pieds à tire-l'arigot, mais bon, on ne va pas le vexer, on acquiesce. *I reckon.*
Sur la route du retour, on fait le détour pour s'arrêter un instant au sommet du Mount Victoria. Tonton veut voir le coucher de soleil sur la capitale de là-haut. On englobe tout ce qu'on peut du regard : le port, le centre, les parcs, les maisons à flanc de colline, c'est beau. Ça nous émeut, on a sûrement un peu abusé du vin rouge.
Wellington, c'est un coup de cœur permanent.
Wellington, on ne la visite pas, on ne l'admire pas, on ne la décrit pas. On la vit.

05.
Valparaíso, Carménère.

Valparaíso, 17h.
On délaisse la guitare, repousse le cendrier. On claque la porte et dévale le cerro, direction le *plan*[13], pour donner un cours à l'université. On est artiste, étudiant, professeur, écrivain, poète... *o algo por el estilo.*
On plisse un peu les yeux devant les rayons du soleil.
Valparaíso au mois de mai. On rentre doucement dans l'hiver, ça ne change pas grand-chose à vrai dire. Le fond de l'air est frais, il l'est toujours, été comme hiver. La brise froide qui émane de l'océan Pacifique souffle sans relâche. Le soleil lui ne cessera de briller, toute l'année, fidèle gardien de la joie de vivre latine qui s'épanouit sous son éclat.

---

[13] La partie basse de la ville, sur les quais

La ville évolue au fur et à mesure que l'on dégringole le long des ruelles obliques.

Valparaíso vue du ciel, c'est une carte postale. Des *casitas* de toutes les couleurs, accrochées à flanc de colline, un ciel azur, et la mer, cette étendue d'eau infinie porteuse d'espoir. Une ville bohème.

Valparaíso de l'intérieur, dans le dédale des cerros, c'est une autre paire de manches. Des constructions à la va-vite, insalubres, qui abritent tant bien que mal la pauvreté des familles chiliennes, un ciel azur, c'est vrai, et la mer, cette étendue d'eau infinie qui emporte avec elle les espoirs. Une ville bancale.

Mais on est positif à *Valpo*, ça fait partie de notre identité, c'est notre culture, notre ADN. On préfère vivre son temps plutôt que le perdre à se plaindre.

On traverse les cerros Alegre et Concepción autour desquels s'est construit le centre touristique de la ville. Son patrimoine mondialement reconnu. Ici, les boutiques, les restaurants, les bars, les cafés, tout s'articule autour du tourisme, dont on est si dépendant.

Ces deux cerros sont de véritables bijoux, les mieux entretenus, tourisme oblige, sans pour autant y avoir perdu leur essence bohème. On y virevolte au milieu des œuvres de street art. Au détour de chaque rue, des guirlandes, une peinture, un symbole, une revendication. C'est joli, c'est varié, c'est léger.

Valparaíso, insouciante.

On dévale un escalier du haut duquel le visage dessiné de Salvador Dali nous regarde, moustache lustrée, œil malicieux. On se faufile entre les murs, on s'engouffre dans les passages dissimulés, on atteint le port.

La Plaza Sotomayor s'étend à nos pieds, large et paisible, aux antipodes des cerros où l'on se sent à l'étroit au milieu du chaos ambiant.

On marche le long des quais, on regarde les pêcheurs ramener leurs filets. Après le tourisme, la pêche. Puis l'artisanat, l'art. Les principales ressources de la ville, comptées sur les doigts de la main.

19h. On sort de la faculté, chemise sous le bras, on rejoint une amie. Elle nous attend au pied du Bellavista, ce cerro qui se traverse au gré des découvertes artistiques, le long du *Museo a cielo abierto*, au sommet duquel culmine le souvenir de Pablo Neruda qui se rit des grimpeurs essoufflés.

On rejoint des amis pour quelques bières qui tournent inévitablement à la soirée karaoké. On est soi-même surpris de l'engouement des Chiliens pour le karaoké. À tour de rôle, sous les rires et les cris de soutien de toutes les personnes présentes dans le bar, on crache dans un micro à la propreté douteuse. On s'égosille sur des rythmes de cumbia chilena. On fait la part belle au rock argentin aussi, on oublie un instant la rivalité entre les deux pays, et puis on n'a pas le choix, Cerati vient de là-bas, il faut bien l'admettre.

Sur les tables poisseuses, des carafes de *terremoto*, ce cocktail à l'ananas ultra-sucré, quelques coupes de *pisco sour*, cet autre cocktail, plus élégant, qu'on dispute au Pérou, des bouteilles de cerveza Austral.

La soirée se prolonge, le brouhaha s'intensifie, les "*cachai huevon ?*[14]" se font plus fréquents, précédés de grandes tapes dans le dos. On n'est pas certain que personne ne *cachai nada* dans ce boucan.

Valparaíso, euphorique.

Alors que ça s'ambiance pour sortir danser, que les filles appellent à *salir de carrete*[15] avec les étudiants internationaux, on s'échappe.

Valparaíso, de nuit. On remonte un peu dans les hauteurs des cerros, le brouhaha excité des soûlards devient confus,

---

[14] Expression très locale, l'équivalent français serait "tu piges mon gars ?"
[15] Faire la fête

s'éteint doucement. Soudain, on est seul, dans le silence des rues étroites. Les tags prennent une autre dimension dans le noir, les ombres se révèlent effrayantes. La perception change.

Le vent se fraye un chemin, on frissonne. Quelques lampadaires parsemés çà et là nous guident, leur lumière tremblote, pas bien vaillante.

On s'invite chez des amis musiciens en train de taper un bœuf dans leur salon. L'ambiance est toute autre. Ça philosophe dans un murmure, ça se questionne sur le sens de la vie, le pourquoi de l'existence. Une étrange toile de chuchotements accompagnée d'un violon lancinant et des percussions sourdes d'un tambour africain.

Valparaiso, imprévisible.

On finit par rentrer, étourdi par la grâce de la musique, par sa profondeur aussi.

Le lendemain, tonton débarque pour quelques jours. Il vit dans la vallée de Cachapoal, tonton, à plusieurs heures de là. Mais il a un *negocio* avec un type de Valparaíso qui lui exporte son vin, il vient jouer à l'homme d'affaires.

À peine arrivé, il se plaint déjà. Du relief, de la température. Il a oublié c'qu'il faisait froid ici. Dans la vallée centrale, où se trouve son domaine, entre la chaîne de montagnes côtières et les Andes, c'est plus clément, on s'y sent protégé, il fait bon toute l'année.

"Tiens d'ailleurs, regarde ça, c'est nouveau, c'est beau !" Il sort des bouteilles de ses bagages. Il ne vient jamais les mains vides, on lui reconnaît ça.

Il nous montre. Il a enfin refait ses étiquettes pour intégrer la nouvelle appellation créée par le gouvernement chilien, il y a quelques années. Dorénavant, la production de vin au Chili est catégorisée en fonction de la distance à laquelle les zones de viticulture se trouvent de la côte. Trois classifications possibles : *Costa* pour les vignobles de la côte, *Entre Cordilleras* pour la vallée centrale et *Andes* pour l'est.

Il est fier du joli fil doré qui estampille sa bouteille, *entre cordilleras*. Rieur, il compare son chef d'œuvre à la bouteille de sauvignon blanc d'un copain qu'il s'est arrêté saluer en chemin, à San Antonio. L'inscription *costa* a été ajoutée à la va-vite, sans sens artistique particulier. On lui confirme, oui son étiquette est plus jolie, mais de là à ce que le vin soit meilleur, plaisante-t-on.

On s'installe à table.

En dégustant notre *pastel de choclo*[16], on lui demande comment se sont passées les vendanges cette année. L'an passé, El Niño, ce phénomène climatique à l'origine de fortes précipitations, avait largement affecté la production. De nombreux vignobles, saturés par les pluies torrentielles, n'avaient pu produire qu'une petite quantité d'un vin médiocre. Tonton, afin de préserver la qualité de son image et sa valeur, avait directement décidé de ne pas vinifier. Un manque à gagner conséquent pour un petit producteur.

Heureusement, le millésime de cette année s'annonce bien plus prometteur. La *cosecha* a été belle, s'est déroulée sous de beaux jours, nous a donné de magnifiques raisins, du sucre à en revendre, et sur les coteaux une superbe acidité pour contrebalancer tout ça. On a même eu le soleil tardif nécessaire à la maturité du cabernet sauvignon, le cépage le plus répandu au Chili.

Tonton débouche sa bouteille favorite, son assemblage préféré, à la bordelaise.

Le carménère, le cépage signature du pays, du fond de sa vallée, mûri dans la tiédeur de la plaine, et le cabernet sauvignon planté plus haut, là où il fait plus froid, à la pointe est des gorges.

---

[16] Spécialité chilienne au maïs

On a fait griller de la viande dans un coin de la terrasse pour accompagner le vin, et non l'inverse. Ça sent la framboise, la prune, la cerise noire et les notes végétales. Le poivron vert, arôme typique du carménère. Le chocolat et la vanille aussi, on se demande si tonton n'a pas un peu forcé sur la barrique. À la réflexion, non, c'est contenu, c'est agréable.

On apprécie les reflets violacés, la rondeur du carménère, c'est soyeux, soutenu par la structure tannique du cabernet sauvignon et sa palette d'arômes, sans lesquelles on s'ennuierait peut-être.

Ça pourrait probablement se garder quelques années de plus, dans la fraîcheur de la cave, mais c'est déjà bon à boire. Alors pourquoi attendre ?

On se laisse resservir bien volontiers.

À la fin du repas, enivrés, on se dit qu'on irait bien s'y baigner, dans cette mer bleue que l'on aperçoit du haut de notre terrasse. On terminerait bien la journée à batifoler dans les vagues. On rit de nos rêveries. L'eau du Pacifique est glaciale tout au long de l'année dans ce coin du globe : la côte est refroidie par un courant nommé Humboldt, en provenance de l'Antarctique, qui réserve la baignade aux plus téméraires.

Alors on reste au soleil, lézard sur une chaise.

Attirés par la fumée des grillades, des gamins des quartiers pauvres s'invitent. On partage les restes, puis on les regarde s'éloigner, courir après les chiens faméliques pour rire, jouer à faire peur aux chats paresseux. Des gosses joyeux, cachés dans l'anonymat des cerros.

Valparaíso, mi amor.

06.
Bordeaux, Margaux.

Bordeaux, 17h.

Les terrasses se remplissent peu à peu. On enfourche son vélo, on traverse le vieux centre historique, on rejoint les quais. On cherche l'air, il fait lourd, le ciel s'est assombri, on se demande si les nuages vont se déchirer, nous verser leur pesant d'eau sur la tête.

En juin, à Bordeaux, on oscille entre des jours chauds, un soleil béni, et les averses qui peuvent nous tomber à n'importe quel moment sur le coin de la figure.

On traverse le pont de pierre, on atteint la rive droite, on y respire mieux.

La météo est capricieuse, on sent le souffle humide du vent sur la nuque, promesse de la pluie à venir. On a embarqué le ciré, sait-on jamais. À Bordeaux, rares sont les mois où l'on peut se permettre de sortir sans son imperméable, le risque est toujours présent.

On rejoint les copains dans une guinguette en bord de Garonne, on y passe les premières soirées estivales, on trinque à la bière artisanale. De là, on a une vue imprenable sur la ville, les façades glorieuses de la place de la Bourse, ces bâtiments à l'architecture classique symétriques en tous points. Au sud, on aperçoit la flèche de la basilique Saint-Michel s'élancer vers le ciel, elle dépasse en hauteur tous les édifices que compte la ville. À l'opposé, une grande roue squatte la place des Quinconces, la place la plus grande d'Europe, selon nous autres bordelais. De l'autre côté du fleuve, à notre hauteur, on aperçoit les silhouettes des touristes qui jouent sur le miroir d'eau, cette étendue liquide artificielle dans laquelle se reflètent les beaux bâtiments bourgeois.

Bordeaux est un petit Paris, sans les inconvénients de Paris, dira-t-on. La ville appelle à la béatitude, dynamique mais apaisée. Tandis que les Parisiens s'entassent dans le métro, à Bordeaux on fait du vélo. Les Parisiens vont à Deauville ? On court surfer sur les vagues de Lacanau. Paris a ses musées, Bordeaux a sa nature, ses vignobles, ses lacs, sa forêt des Landes... Il faut dire qu'on ne les aime pas trop, les snobs de Paris, qui nous envahissent en été, et font monter le prix de l'immobilier toute l'année. *Enki !* Cette abréviation trop courante qui remplace l'insulte et que l'on sert à toutes les sauces, comme on mettrait une virgule dans une phrase trop longue.

Le vent tourne, les premières gouttes se font sentir. On anticipe, on connaît la ville, on sait comment cela va finir. On est trop à découvert de ce côté. Ni une, ni deux, les pintes de bière sont vidées en quelques gorgées, en selle, on pédale vers la rive gauche.

Le temps de rejoindre la place du Palais, sous la porte Cailhau, on est trempés, mais l'averse est déjà terminée. On réinvestit les tables en terrasse, on essore les cirés, on reprendra bien une bière, jusqu'à la prochaine.

19h. On n'a pas encore mangé, on en est déjà à la troisième pinte, les *happy hours*, c'est traître. On change d'ambiance, on quitte une place pour en rejoindre une autre, la place Fernand Lafarge, le quartier *hipster* assumé. Un bar à vins, ça fera plus que l'affaire. Le restaurant d'à côté crache sa musique hip-hop, ses serveurs déguisés en skaters, ou l'inverse, semblent faire une faveur lorsqu'ils prêtent attention aux clients. On les salue au passage, ce sont des potes.

On s'installe en terrasse, on boit du rouge, un producteur du coin, le Bordeaux bashing n'est plus à la mode, on commande des planches. On a l'habitude de ne dîner que ça, de la charcuterie, du fromage et des tranches de pain. Ce n'est sûrement pas sain, mais ça se marie bien avec le vin. Les jours de fête, on abandonne la planche au profit du magret, c'est notre spécialité.

On commente le vin bu, tout le monde s'y connaît un peu, personne n'y connaît grand-chose. On est bordelais, c'est pas du sang dans nos veines, c'est du vin rouge, oh, notre parole ne compte pas pour du beurre, on a grandi dans le milieu, papa connaît quelqu'un qui connaît quelqu'un dont le meilleur ami est le cousin de la tante du propriétaire du Château Pétrus. Qu'à cela ne tienne.

La soirée se prolonge, le propriétaire du bar à vins nous met à la porte, on se dirige vers les bars dansants associatifs du quartier Saint-Michel. En cours de route, on s'échappe, on prend à droite vers la place Pey Berland, sans saluer personne. Les amis saouls sont bien trop difficiles à convaincre, aucune de nos excuses ne justifierait qu'on ne sorte pas danser, qu'on n'aille pas boire un dernier verre, ce n'est d'ailleurs pas notre style.

Mais demain, on travaille tôt, et la journée va être longue, on préfère assurer.

On traverse la place de la cathédrale Saint-André, on lève les yeux au ciel, à présent dégagé. La lune éclaire la nef unique, se reflète dans la pointe de la tour du clocher. La municipalité a fait un formidable travail de nettoyage au sable de la pierre calcaire salie par des années passées sans entretien, la paroi à nouveau claire semble scintiller sous les étoiles.

La ville entière est à son image, les murs devenus noirs de crasse au fil des décennies sont depuis quelques années nettoyés, donnant une nouvelle image, éclatante, à Bordeaux. Pas surprenant que ses habitants soient chauvins.

On rentre chez nous et on s'endort, convaincu de vivre dans la plus belle ville du monde.

Le lendemain, le réveil sonne à 5h.

Amorphe, on se lève, d'un même mouvement, on engloutit café et chocolatine, on gagne le parking et on sort la voiture. Direction, le Médoc, terre froide et hostile.

Tonton travaille dans un domaine et nous a fait embaucher pour la saison, pour préparer les vendanges. On quitte la ville, dans la nuit encore noire, on remonte le long de la

Garonne, puis de la Gironde, lorsque Dordogne et Garonne se confondent pour partir se jeter dans un estuaire commun. Au bout d'une cinquantaine de minutes, on atteint Margaux, l'appellation bien connue pour la qualité de ses vins.

À Margaux, on travaille pour un grand cru classé. Un de ces domaines classifiés depuis 1855 dont la position, déterminée à partir du prix du tonneau de l'époque, n'a que peu été revue depuis la création du classement. Ce dernier fait toutefois toujours référence dans la région, malgré la polémique qu'il génère. On peut dire que de nombreux châteaux non classés font du très bon vin, on ne peut pas dire qu'un grand cru classé fait un mauvais vin.

Il est bientôt 6h, on se gare au pied des vignes, à l'entrée des rangs. Tonton est déjà là, avec plusieurs collègues. On enfile les bottes, indispensables dans les allées boueuses, et on rejoint les troupes.

On reprend les places abandonnées la veille, on sait ce qu'il faut faire, le directeur technique nous a briefés au début de notre contrat, il ne sera pas là chaque matin pour nous superviser, on a intérêt à être indépendants.

Il fait encore froid, on est content d'avoir la polaire et la veste coupe-vent. On se penche, les genoux craquent, on se retrouve accroupi. On vient de terminer plusieurs semaines de relevage des rameaux, on doit maintenant effeuiller, activité qui consiste à enlever le trop-plein de feuilles qui empêchent le raisin de voir le soleil. On a mis longtemps à comprendre quelle était la bonne mesure, si on n'enlève pas assez, les raisins restent cachés, si on enlève trop, ils crament. Le directeur technique nous a fait repasser plusieurs fois dans nos rangs pour que la méthode rentre.

Les vignes sont basses, on essaye de se soulager le dos comme on peut, on varie entre la position penchée et la position grenouille, on regarde tonton effeuiller un rang entier alors qu'on en est à notre septième pied.

On se relève de temps en temps, on aperçoit la tête d'un collègue qui dépasse de cette jungle verte, telle un lémurien, avant de disparaître lorsqu'il se baisse à nouveau. On s'octroie une petite pause devant le lever de soleil sur les vignes, instant magique que l'on chérit.

Malheureusement, quelques heures plus tard, c'est le déluge.

On a eu beau enfiler les cirés, les pantalons de pluie, rien à faire, les bottes s'enfoncent dans le sol caillouteux devenu sable mouvant, on patauge, on est trempé jusqu'à l'os. Et ça ne s'arrête pas. Pendant des heures, on va arracher des feuilles mouillées, on enlève les gants qui conservent l'humidité, on maudit le patron qui nous fait travailler dans ces conditions. On se plaint quand il arrive, à la pause, pour voir notre avancement. Plus on râle, plus il rit. Si on devait interrompre le travail à chaque fois qu'il pleut, plaisante-t-il. Puis, il nous intime l'ordre de nous y remettre, en regardant le ciel d'un air préoccupé. Il a des raisons d'être inquiet.

Ces grosses averses en plein mois de juin ne sont pas bon signe pour la production du millésime, elles encouragent la prolifération des maladies de la vigne. De nombreux pieds sont déjà bien attaqués par le mildiou, on le voit aux taches de moisissure jaunies qui parsèment les feuilles. Si cela perdure, la bouillie bordelaise, ce mélange de cuivre et de chaux autorisée en viticulture bio, que l'on a balancée partout ne va pas suffire, on va devoir pulvériser des produits chimiques, ce qui nous assure de perdre la certification en bio qu'on a eu tant de mal à obtenir.

La journée se termine, on s'apprête à inonder la voiture avec nos vêtements ruisselants quand le directeur nous appelle, au bâtiment technique. On lui en veut encore un peu de ce qu'il nous a fait subir, on traîne des pieds sur le chemin des chais. Ça valait le coup.

Pour nous remercier de l'effort fourni, il nous fait déguster un des plus beaux millésimes du Bordelais, un été chaud, un automne clément qui a permis au cabernet sauvignon, le cépage phare du Médoc, de mûrir à son rythme jusqu'au bout, évitant ainsi des tanins astringents.

On plonge le nez dans le verre, on oublie aussitôt les tourments de la journée. Le cassis, arôme caractéristique du cabernet sauvignon, domine, soutenu par un arôme distinct de cèdre. Le merlot apporte à l'assemblage ses saveurs de cerises noires, de prunes. À l'image de la journée, ça sent la pierre mouillée, le gravier. Le côté boisé est subtil, présent sans envahir le bouquet. Le cabernet franc apporte son lot d'épices tandis que le petit verdot donne un coup de pouce à la structure tannique du tout. Ça sent le chocolat et la réglisse, ça glisse dans la gorge, ça réchauffe. On sent à l'acidité et aux tanins que l'équilibre est là pour garder le vin encore de longues années.

C'est ça le risque, avec les grands vins de Bordeaux, on en demande toujours plus, on veut les connaître à leur paroxysme, alors on les garde, au risque de les perdre parfois. Combien de caves sont remplies de superbes bouteilles de Margaux, de magnifiques millésimes qui attendent sagement d'être "prêts" ?

On se dit que finalement, on préfère prendre le risque de le boire trop tôt, que trop tard.

07.
Marseille, Côte de Provence Rosé.

Marseille, 17h.

On sort dans la rue, on est accueilli par le soleil inconditionnel qui inonde notre chère ville tous les jours de l'année. Tout de suite, ça nous met de bonne humeur. Le soleil de juillet brûle un peu, mais il réchauffe le cœur. On saute sur le scooter et on part rejoindre une copine qui termine une exposition à la Friche la Belle de Mai pour y partager un café. Vendredi, fin de journée, le réseau routier de la ville est saturé. Voitures, bus, motos s'entassent dans les grands axes, leurs conducteurs s'invectivent, les vélos envahissent les trottoirs sous les insultes bien senties des piétons. Un joyeux bordel. On se faufile comme on peut au milieu du capharnaüm, on essuie un "*cagole* !" ressenti lorsqu'on coupe la route à un motard, on ne s'afflige pas, on est en faute et on a l'habitude.

On arrive à la Friche, il fait lourd, on change d'avis. Besoin de respirer l'air du large, on embarque la copine sur le scoot' et on se dirige vers le Vieux Port. On s'installe à la terrasse d'un café, on fixe l'horizon azur. Le ciel se jette dans la mer, leurs bleus se confondent. À la table d'à côté, des petits vieux jouent aux cartes en sirotant leur pastis. Ils sont rejoints par les copains qui terminent une partie de pétanque, les clichés de Marseille lui collent à la peau. Sur les quais du Vieux Port, les promeneurs flânent, ils s'arrêtent çà et là, s'assoient sur les bords goudronnés, jambes dans le vide, puis repartent. Tranquillement. La silhouette de Notre-Dame-de-la-Garde se dessine sur les hauteurs, majestueuse, protectrice. Marseille se vit doucement, on y prend le temps, le temps de respirer l'air marin, le temps de demander aux commerçants comment ils vont, le temps de vivre en somme.

On a finalement switché le café pour une bière, le serveur se rit de notre volte-face, il est d'accord avec notre choix définitif, les voisins des tables proches nous font part de leur assentiment. C'est ça aussi, Marseille. Ne pas avoir peur de son prochain, qui a toujours quelque chose à dire, sourire aux lèvres en général. Ça fait partie du folklore local, les Marseillais sont conviviaux, et directs. Ils ont ce goût de l'échange qu'on ne retrouve dans aucune ville de France, le boulanger qui prend des nouvelles de votre chat, le restaurateur qui veut savoir quelle épice vous ne supportez pas. Toujours une parole sympa, ou une blague bon enfant. Toujours un avis à donner aussi, une bonne excuse pour s'exprimer, c'est aussi ça l'art-de-vivre marseillais. On a le sentiment de faire partie de cette populace bienveillante, les élites n'ont pas leur place ici, on est tous égaux sous le même soleil.

Marseille se vit par quartier. On ne s'y sent pas isolé, englouti dans l'immensité de la ville, on a ses repères. Ici, les petits commerces de proximité prospèrent, on connaît les épiciers du coin, on les salue chaque matin.

Marseille se vit à l'extérieur aussi, le climat le permet. On discute debout dans la rue, on fait du social, on rigole avec le voisin avant de rentrer chez soi.

Une mouette téméraire s'approche de notre bol de cacahuètes, on la chasse d'un revers de la main, elle s'envole dans un cri aigu. On se laisse bercer par le clapotis des vagues contre les coques des bateaux.

19h. On monte rejoindre des copains au Panier, ce quartier arty, bohème, dont les maisonnettes de toutes les couleurs tassées les unes sur les autres rappellent un peu l'Italie. On se glisse dans ses ruelles étroites, taguées du sol aux toits, on gravit la colline, on s'essouffle dans ses pentes raides. Tout en haut de la butte, sur la Place des Moulins, on est enfin au frais. En juillet, ce quartier populaire est envahi par les touristes, un petit train y circule du matin au soir, et les terrasses sont grouillantes de monde, à notre grand désespoir.

Perchés là-haut, on assiste au coucher de soleil sur la mer, puis on redescend vers le port. Direction le Cours Ju' qui centralise la vie nocturne de la ville du jeudi au dimanche. On y retrouve quelques copains qui sont depuis peu entrés dans le microcosme bobo de la ville, impliquant un apéro cocktail au Petit Nice tous les vendredis soirs. L'incontournable point de chute de la jet-set marseillaise. Le passage obligé pour un compte Instagram immaculé.

Dans les bars du Cours Ju', c'est à la bonne franquette, viens comme tu es. S'y mélangent les plus jeunes et les moins jeunes, les étudiantes aux jupes courtes et maquillage impeccable, les garçons aux chaussettes montantes sur le jogging, et les mecs en tong, souvent vêtus de t-shirt faisant la promotion du Pastis 51 ou d'une quelconque marque locale. Tout ce joli monde s'enivre sur fond de rap, alternant entre IAM et Jul, il en faut pour tous les goûts - pour toutes les générations surtout. Ca rigole, ça s'embrouille, ça résonne de *"tarpin bien!"*, de *"calme-toi minot!"* au milieu des *"oh con!"* ça lève les bras en l'air, ça recommande un verre, ça chante. Marseille a le sens de la fête.

Lorsque ça dégénère un peu, un seul sujet met tout le monde d'accord : *et vive l'OM* ! À ces mots, les mecs en tong se prennent dans les bras, les types à la banane en bandoulière posent une main sur leur cœur, les filles hochent la tête avec vigueur. On boit un coup, on porte un toast à la meilleure équipe de foot du monde, et qu'on ne vienne pas nous dire qu'on exagère.

La soirée file en un clin d'œil, on s'est fait plein de nouveaux copains qu'on ne reverra probablement jamais, on a perdu ceux avec qui on était venu, on est incapable de se souvenir de l'endroit où on a garé le scooter. On regagne l'appart' à pied en titubant un peu, on fait la course avec les mouettes, on salue le boulanger avant de rentrer.

On se réveille, on est samedi, on a rendez-vous chez tata qui fait son rosé en Côte de Provence, à un peu plus d'une heure de là.

On quitte Marseille par la route départementale qui longe la côte, on ne se lasse pas des Calanques. Chaque week-end, c'est un petit rituel, à pied ou en voiture, on emprunte les chemins sinueux qui traversent le parc naturel. Les Calanques, c'est le petit bijou de la région. Des falaises abruptes qui se jettent dans les eaux transparentes de ce coin de la Méditerranée. L'éclat du soleil qui miroite contre les grises parois rocheuses, scintillantes, et s'étend en un chatoiement de lumière sur la surface de l'eau.

On voit la silhouette de Cassis qui se profile en contrebas, petit village de pêcheurs niché au creux des montagnes vertes, en bord de mer. Ses couleurs pastel brillent doucement, se fondent dans le décor méditerranéen. On évite de s'y arrêter, Cassis au mois de juillet, c'est l'assurance de perdre patience.

On traverse le vignoble de Bandol et ses rangs de vignes impeccablement alignées, le Bandol a une certaine réputation à tenir. Les pieds sont chargés de baies de Mourvèdre, le cépage signature du coin, dont la couleur tourne lentement du vert au vermillon. On suit encore un peu le littoral puis on s'enfonce dans les terres.

On arrive au vignoble de tata, un petit domaine au milieu des grands. Elle fait un peu tâche, sa petite exploitation artisanale au milieu des grandes propriétés viticoles détenues par de nobles familles ou de larges groupes financiers.

Elle est partie de rien tata. "Partie de rien, pour ne pas arriver à grand-chose, dit-elle elle-même. Mais c'est toujours mieux que rien", ajoute-t-elle avec un sourire. Elle a planté ses quelques hectares de vignes toute seule, il y a des dizaines d'années de ça. Aujourd'hui, elle commence à peine à recevoir le fruit de ces décennies de labeur.

Le vin, elle ne le fait pas pour devenir riche, elle le fait par amour du rosé. "Quelle esthétique, un verre de rosé, dit-elle toujours, entre le rouge qui tâche et le blanc transparent, quelle merveille cette couleur, le rosé".

Il faut bien admettre qu'elle est au bon endroit pour assouvir sa passion. La Provence, berceau historique du rosé en France, ici se trouvent les créateurs de ce style qu'est le Rosé de Provence. Toute la tradition, le savoir-faire, la technique et ses résultats empiriques, l'art du rosé en somme, s'est développé ici. Demander à un producteur de Provence s'il maîtrise la confection de vins rosés reviendrait à demander à un Bordelais s'il a déjà essayé d'assembler du merlot et du cabernet sauvignon. La Provence, grand leader du marché du rosé qu'il a façonné à son image, a su conquérir les consommateurs.

Tavel et la Loire avec son Cabernet d'Anjou sont de dignes concurrents, mais "on ne joue tout de même pas dans la même cour", plaisante souvent tata. Leurs rosés sont très différents, ils subissent souvent une courte macération qui leur donne une couleur plus profonde, des arômes plus forts, ils sont plus denses. La Provence se targue de la pâleur de ses vins, de leur finesse d'expression, sublimée par le sol calcaire de nombreuses parcelles.

Alcôve située entre les Alpes et la mer, la Provence bénéficie de la douceur du climat méditerranéen et d'un ensoleillement constant toute l'année, les nuits sont cependant fortement rafraîchies par les vents froids, cela permet aux raisins de retenir l'acidité nécessaire à l'équilibre des vins jusqu'au moment de la vendange. Une fois récoltés, les raisins sont pressés sans autre forme de procès. Le pressurage direct est un incontournable des méthodes de production de rosés du coin.

En conséquence, le rosé de Provence est un vin pâle, sec, soutenu par une belle acidité, produits avec un grand sens de la précision.

Depuis plusieurs années, les producteurs de Provence mènent une lutte inlassable pour changer l'image du rosé. Maintenant que la technique est devenue excellente, qu'on produit des vins de grande qualité, qu'on a acquis une reconnaissance internationale, ras-le-bol que les Français considèrent encore le rosé comme la boisson de référence pour accompagner des merguez au barbecue ! Marre du rosé piscine, du rosé pamplemousse, du petit verre de rosé avec les chippo', il serait temps de se rendre compte que le rosé peut être un vin aussi qualitatif que le rouge et le blanc *fada* !

Tata n'a jamais participé à ce combat-là. Elle se fiche pas mal que la jet-set de Saint-Tropez se saoule à grands coups de cocktails à base de rosé et trouve ça "très cool", que les villas du littoral soient remplies de jeunes riches qui lapent le rosé comme les chats le lait.

Elle, elle apprécie le côté décontracté du rosé, elle n'aime pas trop ces façons qu'ont les supposés professionnels d'utiliser quinze adjectifs différents pour décrire une même caractéristique d'un vin rouge. Avec le rosé, c'est plus simple, moins m'as-tu-vu, il n'y a pas cinquante façons de le détailler, et aucune évolution possible. Elle affectionne particulièrement que son rosé puisse accompagner aussi bien les fruits de mer qu'une viande rouge.

On s'installe à la table du jardin, tata ouvre une bouteille. On voit ses yeux briller sous son chapeau de paille, comme à chaque fois qu'elle débouche l'une de ses bouteilles. Elle nous tend un verre en décrivant rapidement comment elle l'a fait, celui-là. Elle change ses assemblages chaque année, de petites variations, rien de très violent, mais elle aime bien cultiver l'inconstance de ses vins. On l'écoute. On boit donc une base de Cinsault, le cépage principal de la région, auquel se mêlent Grenache et Syrah. Le cinsault a l'avantage, très apprécié par les vignerons, de conserver l'acidité tout au long de la saison, et ce, en dépit de fortes chaleurs. Le grenache apporte un côté un peu plus corsé, une certaine opulence malgré l'incontestable légèreté du vin. Enfin, la syrah ajoute sa pierre à la structure, des notes poivrées aussi.

On apprécie les arômes de pamplemousse, de groseille, la pointe végétale qui se distingue. C'est très expressif. L'acidité rend le vin vif, croustillant. On y retrouve la minéralité caractéristique de ces vins dont les nouveaux consommateurs raffolent.

On félicite tata, affairée auprès du barbecue, elle nous regarde et s'esclaffe : "Tu prendras bien une petite merguez avec ton rosé ?"

08.
Saumur, Saumur Champigny.

Saumur, 17h.

On apprécie le calme retrouvé de la ville.

Ces deux derniers jours, la fête battait son plein sur les quais de la Loire, au rythme des orchestres familiaux et des grandes effusions conviviales que fait naître la Grande Tablée, cet événement aoûtien mettant à l'honneur le vin du pays. Saumur, d'ordinaire si tranquille, a vibré pendant quarante-huit heures de cette folle énergie que la passion du vin et du terroir libère.

Saumur est à son apogée au mois d'août. Cette petite ville à taille humaine, détendue pour les uns, ennuyeuse pour les autres, se remplit de touristes venus profiter des bords de Loire, déroule pour eux le tapis rouge de ses événements culturels en extérieur, se pare de ses plus belles couleurs, s'offre sous son plus beau jour.

La qualité du cadre de vie saumurois est indéniable, la Loire en étant l'atout majeur.

On longe les quais, les mouettes rieuses volent bas et nous frôlent dans un cri aigu, touristes et locaux se mêlent le long de la promenade en un paisible mélange de poussettes de bébés et de cannes de petits vieux.

On atteint le Pont Cessart, on s'arrête un instant, on fixe l'horizon. La Loire déroule paresseusement ses méandres, sa source se tarit un peu plus chaque année, on redoute un assèchement total du fleuve. On préfère ne pas y penser, on détourne le regard.

On lève le nez vers les hauteurs. On aperçoit le Château de Saumur au sommet du coteau, il surplombe la ville, majestueux jalon ponctuant la Vallée des Rois.

Saumur est une belle endormie. Coincée entre la noblesse issue du Cadre Noir, ces cavaliers d'élite instructeurs à l'École nationale d'équitation, et la petite bourgeoisie du vin, la jeunesse saumuroise a beau se révéler dynamique et inventive, la ville se repose sur ses lauriers et l'avenir y est dur à imaginer.

On poursuit notre balade en bord de Loire, on croise plusieurs péniches installées pour la saison, à bord desquelles divers bars et restaurants ont pris leurs quartiers.

On quitte les quais pour s'enfoncer dans les rues piétonnes du centre-ville. On déambule au milieu des maisons en pierre de tuffeau, la pierre caractéristique de la Renaissance en Val de Loire. Cette pierre calcaire blanche crème donne à la ville un aspect évasé, l'enveloppe d'une lumière diaphane, la rend presque transparente. C'est ce qu'on adore à Saumur. L'éclat cristallin du soleil sur la Loire qui se reflète dans les constructions aux tons clairs, c'est limpide, c'est fluide, c'est beau.

Saumur, lumineuse, sereine, paisible.

19h. On rejoint les copains au bistrot de la place Saint-Pierre, place du marché le matin, place festive en fin de journée. Plusieurs amis travaillent dans les maisons troglodytes et sont ravis de quitter leurs grottes pour profiter des derniers rayons de soleil. En cette haute saison touristique, ils passent des journées entières à faire visiter les caves souterraines, attrait majeur de la région.

En effet, conséquence d'une extraction intensive de la pierre de tuffeau pendant la Renaissance pour construire châteaux, églises et autres habitations, le sous-sol de la région s'est retrouvé constitué de longues galeries souterraines. Les grandes maisons de vin ont investi dans ces anciennes carrières, qui se sont révélées des caves idéales. Les caves de pétillants telles qu'Ackerman et Bouvet-Ladubay en ont fait leur emblème.

Aujourd'hui, ces caves naturelles sont principalement utilisées pour le vin et les champignons.

Autre caractéristique historique non négligeable de la pierre de tuffeau : son importance pour le terroir de Saumur. La région de production viticole de l'Anjou-Saumur est divisée en deux ; l'Anjou Noir à l'ouest, l'Anjou Blanc à l'est. Ce dernier, où se situe Saumur, a été nommé de la sorte en raison de son sol plus récent, constitué de roches sédimentaires telles que le calcaire, la craie ou encore le tuffeau. Cette composition du sol est garante de la typicité du Saumur Champigny, la vedette du coin.

La Vallée de la Loire est à l'origine d'une très grande variété de vins : des blancs secs élégants issus de sauvignon blanc à Sancerre et de chenin blanc à Savennières, aux rouges légers de Chinon en Touraine, en passant par les pétillants de Vouvray et les liquoreux des Côteaux du Layon, sans oublier au passage l'incontournable rosé d'Anjou.

Toutefois, à Saumur, le Champigny est roi.

C'est d'ailleurs à coup de grands verres de rouge que l'on termine la soirée, sur les quais, devant le spectacle reposant de la Loire, nimbée de reflets blancs sous la lueur lunaire.

Le lendemain, on rejoint papi qui nous a donné rendez-vous ce tantôt[17], dans les hauteurs de la région, au milieu des vignes. Papi n'est pas vigneron - avant il était maréchal-ferrant, un choix plutôt judicieux lorsqu'on vit dans la capitale nationale de l'équitation - mais sa passion des chevaux n'a d'égale que sa passion du vin. Le Saumur Champigny ce n'est pas lui qui le fait, mais c'est tout comme, il en connaît chaque détail.

On se rend ensemble chez un copain à lui qui est producteur, chez lequel on est comme à la maison. Papi lui donne un coup de main depuis tellement d'années, on fait partie de la famille.

On monte au sommet des coteaux, le vignoble se situe à quelque cent mètres d'altitude. Le climat y est doux, plus maritime qu'en Touraine, plus sec que dans le Nantais. Le climat de la Vallée de la Loire gagne en continentalité à mesure que l'on s'éloigne de l'océan Atlantique.

---

[17] Expression angevine : cet après-midi

On se balade entre les vignes, lourdes de leur charge de raisins. Les baies sont en train de virer au rouge, dernière ligne droite avant les vendanges. Août est le seul mois de l'année où on laisse les vignes tranquilles, tous les travaux étant généralement terminés, elles vont accomplir leur destinée. Le calme avant la tempête de la récolte.

On caresse les larges feuilles caractéristiques du Cabernet Franc. En appellation Saumur Champigny, il est le cépage principal, chaque vin doit en être issu à hauteur minimale de 85%. Pour les 15% restants, il est fréquent d'utiliser du Cabernet Sauvignon et, moins communément, du Pineau d'Aunis.

Le cabernet franc est bien adapté au terroir de la Loire. C'est un cépage précoce, il débourre tôt et atteint rapidement sa maturité optimale, le climat clément de la vallée est idéal.

Il est mis à l'honneur principalement dans les appellations de Chinon et de Bourgueil en Touraine où on peut aussi bien le trouver sous la forme d'un vin léger, à boire jeune, provenant de sols sablonneux, que d'un vin plus corsé, plus tannique, lorsqu'il pousse sur les coteaux de calcaires et d'argile, face au sud. En Saumur Champigny, il a tendance à être moins corpulent, mais il présente des baies juteuses qui délivrent des arômes de fruits frais et des notes florales uniques.

On emboîte le pas à papi et son ami pour rejoindre les chais. Ils sont propres, aérés, prêts à recevoir la vendange à venir. En sous-sol, dans une des innombrables galeries troglodytes, les barriques sont entreposées pour le vieillissement des vins. Certains fûts sont vides, fraîchement nettoyés, d'autres sont remplis des millésimes antérieurs en cours d'élevage. Papi fait rouler une barrique vide pour la mettre de côté, avec l'assentiment de son copain. Il est musclé papi, il nous repousse quand on s'approche pour lui prêter main forte.

La barrique mise à l'écart lui est réservée. Lorsque la vendange de cette année aura terminé sa fermentation et sera mise en fût, papi n'aura qu'à venir chercher son dû. C'est un petit accord entre lui et son ami, un peu comme les allocations primeurs en Bordeaux sauf que ça n'a rien à voir. Ici, on fait ça entre copains et sans que l'aspect financier entre en compte.

Ainsi, papi mettra lui-même ses vins en bouteille, activité qu'il chérit, comme il l'a toujours fait.

On quitte la cave pour rejoindre le bâtiment principal qui est aussi la maison du copain vigneron. Il nous fait entrer dans la cuisine, on s'assoit à la table, on regarde par la fenêtre. Des vignes à perte de vue, bien alignées sous le soleil d'août. La lumière resplendissante de la fin de journée se réfléchit partout sur la pierre calcaire environnante.

Papi sort une andouillette de sa besace, son ami complète avec une fillette[18] de rouge et un quignon de pain. À la bonne franquette. On boit dans des verres à eau, à l'ancienne, pas de chichis.

La robe du Champigny est lumineuse, d'un rouge grenat éclatant, aux reflets pourpres.

D'emblée, on est conquis par les fruits rouge et noir, juteux, frais. La framboise surtout, la griotte ensuite, et la prune. On détecte des notes d'épices, de la muscade, une touche de réglisse. On est particulièrement sensible au poivron vert, cet arôme qui passe inaperçu à de nombreux palais, typique du cabernet franc. On retrouve la fraîcheur apportée par la pierre de tuffeau, qui procure une belle matière au tout.

C'est léger, mais épicé, ça s'équilibre. Les tanins sont fins, veloutés, intenses mais souples. Ça roule sur la langue. Et ça se marie à merveille avec l'andouillette.

---

[18] Expression angevine : une demi-bouteille

09.
Porto, Porto.

Porto, 17h.

On rentre tout juste de voyage, on saute du train, on quitte la gare São Bento avec un bref regard pour les fresques traditionnelles aux tons blanc et bleu clair qui décorent les murs, témoins silencieux des traditions portuanes et de l'histoire nationale.

On rejoint le centre-ville et la Rua das Flores, cœur névralgique de la ville, le long de laquelle se mélangent touristes et locaux, les premiers le nez en l'air, ébahis, les seconds impatients et affairés. On sourit devant la masse des étrangers pressés devant la façade fleurie de Joia da Coroa, les flashs de leurs appareils photo crépitent.

On fait une rapide pause café, accoudé au comptoir, sans prendre la peine de s'asseoir, on avale un rissois, en-cas traditionnel qui se mange à toute heure, une sorte de beignet fourré à la viande ou à la crevette. En terrasse, les plus jeunes se goinfrent de pastéis de Nata, leurs visages affichent un plaisir évident.

On repart, on s'accorde un détour par le belvédère de Vitoria, à côté de l'église du même nom. On se pose un instant, une éclaircie accompagne notre halte, un rayon de soleil parvient à percer le ciel brumeux.

Porto, à n'importe quel moment de l'année, est victime de lourds brouillards qui envahissent la ville et mettent du temps à se lever. En septembre, on oscille entre une possibilité d'été indien et de torrentielles et précoces pluies d'automne. La proximité de l'océan Atlantique se fait sentir et le climat maritime impose sa loi, instable et capricieux.

De là où l'on est, on a une vue imprenable sur les contrebas de la ville, la rivière Douro et l'emblématique pont en métal Dom Luís I, homologue grisé du viaduc de Garabit construit par Gustave Eiffel dans le Cantal.

On se laisse aller à admirer les toits de brique rouge orangé et les façades des hautes et étroites maisons portugaises, dépourvues de volets, aux couleurs un peu ternies par le temps, décorées çà et là d'azulejos. Porto est une ville rétro. Ses cafés à l'ancienne, ses devantures coincées dans une autre époque, ses boutiques d'un autre âge... Tout y donne la sensation d'avoir fait un bon dans le passé.

Sous couvert du brouillard, la ville peut sembler grise, terne, comme délaissée, bloquée dans un autre âge. Mais Porto a deux visages, et dès lors que le ciel se dégage et se teint de bleu, dès lors que le soleil se montre, la ville rayonne de l'énergie de ses habitants, chaleureux et souriants, vibre au son des accents locaux et étrangers mélangés, cosmopolite et ouverte, invite à la bonne humeur.

On reste quelques instants, le temps de profiter de la vue puis on se dirige vers le jardin improvisé qui recouvre le toit de la galerie marchande Passeio dos Clérigos. Ce faisant, on passe devant la Livraria Lello, aujourd'hui célèbre pour avoir accueilli et inspiré l'auteure de Harry Potter du temps où elle écrivait son œuvre, dont l'entrée est payante, ce qui n'empêche pas une interminable file d'attente de se former, inlassablement, tout au long de la rue.

On retrouve notre ami, plongé dans un livre, installé à l'écart sur un banc du jardin. L'endroit est étonnamment paisible, étant donné sa localisation très centrale, seulement ponctué du mélodique son du carillon de la Torre dos Clérigos, tour baroque qui domine toute la ville. Ensemble, on descend vers les Cais da Ribeira.

Porto est ainsi faite, on passe son temps à descendre et remonter abruptement le long de ses rues pavées. On s'adapte aux courbes vallonnées de la ville, qui nous laissent souvent à bout de souffle, alors qu'elles semblent se jeter dans le Douro. On atteint les quais, la rivière indolente se pare de couleurs grises métalliques, à l'instar du pont au-dessus d'elle.

On longe les Cais da Estiva, on s'arrête à la terrasse d'un bar, à proximité de l'eau. Face à nous, à la même hauteur, sur la rive opposée, l'imposante Vila Nova da Gaia. Acteur incontournable du commerce de porto (le vin cette fois), les entrepôts et caves de dégustation s'alignent tout au long de sa façade, industrielle et froide.

Les portos sont stockés à Vila Nova da Gaia, son climat doux et relativement humide est idéal, il permet une maturation lente, largement préférable aux conditions de la région du Douro où ces vins sont produits, où le climat est trop lourd et trop chaud.

19h. On traverse le pont pour rejoindre la rive opposée, on grimpe jusqu'au Jardim do Morro où l'on retrouve quelques copains. Le parc offre la plus belle vue sur le Douro et sur la ville à l'heure du coucher de soleil.

On débouche les bouteilles de Vinho Verde, le vin blanc sec produit dans l'appellation du même nom, où l'on se situe, rafraîchissant, très subtilement pétillant, aux arômes d'agrumes prononcés. On l'accompagne de *chouriço* et d'olives à grignoter. L'apéro est prêt, sans autre forme de procès.

Plus tard, on rentre du côté Porto, on atteint les Cais da Ribeira où les plus jeunes, et les moins jeunes, se saoulent à grands verres de Portonic, ce savant mélange de porto blanc et de tonic, en habits de cocktail. À l'instar des alcools, se mêlent les genres musicaux. Plusieurs enceintes résonnent de différents sons électroniques, plus ou moins violents, tandis que des musiciens de rue, éparpillés sur les quais, accomplissent des prouesses en tordant leur violon ou en faisant pleurer leur guitare sur les notes de l'indémodable (vraiment ?) musique reggaeton *Despacito*. On en vient presque à regretter la classique et inévitable *A Garota de Ipanema*, souvent jouée, de façon sempiternelle, à l'intention des touristes, qui nous a peu à peu écœuré de cette chanson pourtant sympathique.

L'ambiance est à la fête, les *ch* à répétition font écho aux voyelles traînantes, les a, les o, les ão intenses, c'est un joyeux bordel.

Tout ce beau monde termine la nuit dans la Travessa de Cedofeita, haut lieu de la fête portuane, qui compte ses cadavres de bouteilles le lendemain alors qu'on quitte la ville et son brouillard matinal pour la région du Douro, à quelques soixante-dix kilomètres de là.

L'appellation du Douro se divise en trois parties, d'ouest en est : le Baixo Corgo, la plus proche de Porto et de l'océan, d'où son climat un peu plus frais et humide que les deux autres, le Cima Corgo, au milieu, plus chaud et continental, et le Douro Supérieur à l'extrémité est, la région la plus chaude et sèche. Ces deux dernières sous-régions, protégées de l'influence de l'Atlantique par la Serra do Marão, sont à l'origine des portos de plus grande qualité, tandis que le Baixo Corgo produit des vins plus légers.

On roule le long du Douro, on apprécie les vignes suspendues en hauteur, dont les rangs se précipitent vers la rivière. Traditionnellement, les vignes sont plantées sur d'étroites terrasses de schist rocheux, retenues par des murs de pierre, nommées *socalcos*, empêchant la mécanisation des vignobles. Dans un objectif de modernité, de nouvelles terrasses, les *patamares*, se sont formées, plus larges, permettant le passage de tracteurs et ainsi une vendange à la machine.

Proche de la rivière, sur les pentes les plus douces, on aperçoit un troisième système, les *vinha ao alto*, où les vignes sont plantées de façon verticale, épousant la ligne de la pente, rendant les rangs accessibles par la route.

On dépasse le village de Pinhão, on arrive à la *quinta*, le domaine, de tata en Cima Corgo.

Tata produit du porto depuis de nombreuses années, dans la grande lignée des générations précédentes. Les vendanges sont en cours, on assiste dans les vignes aux allées et venues des employés et des tracteurs, les cagettes remplies de raisins noirs, mûrs à éclater.

Tata ne produit que du porto rouge. Il existe du porto blanc et du rosé, mais la majorité des producteurs privilégient le rouge, à base de cépages à la peau épaisse, aux tanins puissants, réputés pour leurs fruits noirs et leurs arômes floraux. Parmi les plus utilisés, on retrouve les Touriga Nacional, Touriga Franca et Tinta Roriz.

On rejoint tata dans les bâtiments techniques où les hommes s'affairent comme des fourmis, ça vibre de l'énergie que provoque la récolte, tout est à faire, ça court dans tous les sens.

Tata nous accueille avec un large sourire, cette année notre tâche est un peu particulière. Elle nous épargne les vendanges et nous guide jusqu'aux immenses bacs de béton, les *lagares*, remplis des raisins de la récolte du matin-même.

On voit où elle veut en venir. Sous son injonction, on quitte chaussures et pantalons, une petite équipe se met en place, on se retrouve à quinze, en caleçon, à piétiner les grappes de raisin pour provoquer la fermentation.

Cette technique, traditionnelle, n'est que peu utilisée de nos jours, elle demande un travail intense et n'est pas très productive. Des robots à piston ont été inventés, bien plus performants, moins chers à moyen terme, mais tata tient à ce que sa cuvée premium soit foulée par des pieds humains. Elle a un certain goût pour la rébellion contre la modernité.

Prenant appui sur les épaules des collègues, y puisant de l'énergie, on passe plusieurs heures debout, à patauger dans la mélasse des baies et de leur jus. On s'arrête lorsque la fermentation est lancée, on en ressort fourbu, courbaturé d'avance. Le but de cette technique est d'extraire le plus de couleur et tanins possibles, la seule fermentation ne serait pas suffisante pour ce qui est attendu d'un vin de Porto. D'autres personnes prennent la suite, il s'agit maintenant de remuer le chapeau de marc, les peaux et baies de raisins écrasées, pour continuer l'extraction. Armés de tiges et de bâtons, les collègues percent le chapeau et le mélangent au moût, afin d'homogénéiser la matière.

On suit leur valse de loin, on s'est affalé sur une caisse en bois, épuisé.

Le processus de production de porto, on le connaît par cœur, grâce à tata.

Lorsque le niveau d'alcool aura atteint environ 8°, on interrompra la fermentation par la fortification du vin. Pour cela, on ajoutera une eau-de-vie de raisin qui, en tuant la levure responsable de la fermentation, stabilisera le vin, doux car constitué de nombreux sucres résiduels, à environ 20°, 22° d'alcool. Par conséquent, tous les vins de Porto sont doux, certains plus que d'autres en fonction des choix des producteurs.

On se lève difficilement de notre chaise de fortune pour rejoindre tata à l'autre bout des bâtiments. Chemin faisant, on remarque la large et nouvelle installation de climatisation qui souffle dans le chai à barrique. On l'interroge, quel est l'intérêt d'un tel investissement si le vieillissement de la grande majorité des portos se fait à Vila Nova da Gaia ?

Tata nous lance un regard sarcastique. L'intérêt est justement de pouvoir conserver les vins dans un entrepôt climatisé sur le domaine et ne pas avoir à les envoyer en ville.

Sans se formaliser de notre naïveté, elle nous entraîne au sous-sol, avec nos collègues de piétinage, pour nous "redonner des forces". Là, elle sort de sa cave personnelle une bouteille poussiéreuse. On déchiffre l'étiquette "Tawny Reserva". Tata sort le grand jeu.

Le critère Reserva est le premier échelon de la hiérarchie qualitative du porto, premier échelon situé déjà bien au-dessus des portos classiques sans distinction particulière.

Tawny est le type de porto. Le style du vin produit est défini par la durée de la période de vieillissement et son contenant, qu'il s'agisse d'une cuve en inox ou d'un fût en bois changera profondément la nature du porto.

Si les Ruby sont généralement des vins doux portés principalement sur le fruit rouge primaire, élevés en cuve en inox pour accroître le côté fruité, à la profonde robe pourpre, les Tawny, eux, sont longuement vieillis dans des barriques nommées *pipes,* prennent avec l'âge une teinte marron et leurs arômes primaires s'effacent au profit de notes de café et de noix.

Tawny Reserva signifie qu'en plus d'avoir été validé lors d'une dégustation de l'interprofession, le vin a subi une maturation en barrique d'au moins six ans. C'est une petite pépite que tata nous sert là.

On admire le liquide brunâtre, la couleur fauve, révélatrice de l'oxydation, sa clarté. On trempe les lèvres, prudemment d'abord, on a peur de l'attaque de l'alcool. Mais non, c'est doux, c'est extrêmement agréable, ce côté chocolaté, presque caramélisé. On apprécie la complexité de l'assemblage, les fragrances florales, les touches d'amandes et de noix. Ça nous remplit la bouche, ça nous caresse le palais, c'est onctueux sans être lourd.

On en redemande, tata rigole en refermant la bouteille, ce n'est pas un bonbon, qu'elle nous dit. Elle ajoute qu'il nous faudra attendre de goûter celui qu'on vient de fouler de nos propres pieds, pour ressentir la fierté du producteur, pour donner toute sa valeur à un tel vin.

Rendez-vous dans six ans.

10.
Logroño, Rioja.

Logroño, 17h.

Adossé au mur de pierre, on regarde les marcheurs du chemin de Saint-Jacques de Compostelle investir doucement les lieux. Le regard se porte un peu plus loin, vers l'Ebro et le Puente de Piedra qui le surplombe, reliant la ville à Navarre et guidant les pèlerins jusqu'ici.

Le mois d'octobre est doux à Logroño, et si l'afflux des touristes de l'été s'est ralenti, les randonneurs du *Camino*, eux au contraire, profitent d'une météo clémente pour savourer la tranquillité retrouvée des paysages, la quiétude qui caractérise leur démarche. Nombre d'entre eux se pressent sur le parvis de la somptueuse Cathédrale de Santa María de La Redonda qui représente l'objectif principal de leur étape à Logroño. Catholiques comme athées sont émerveillés et restent silencieux devant la splendeur de la construction.

Lorsque l'on marche depuis des jours et que l'on a parcouru des centaines de kilomètres à pieds, sac sur le dos, la croyance religieuse n'est plus qu'un détail jalonnant le parcours. On en n'a pas besoin pour être ému. La foi n'est plus obligatoirement chrétienne, elle prend d'autres formes, se révèle sous une myriade de nuances, telle la robe d'un vin de la Rioja, du rose foncé au violet en passant par le pourpre.

Les marcheurs déambulent dans la ville, visages aux traits marqués par la fatigue, mais heureux, apaisés. Leurs bâtons de randonnée tapotent le goudron, inappropriés dans les ruelles de la ville. Ils s'arrêtent ici et là, pour goûter les *pinchos*, sorte de tapas locaux, et boire une *caña*, le traditionnel verre de cerveza espagnol.

Quelques-uns ralentissent lorsqu'ils arrivent face à la devanture de notre commerce, à la vue des bouteilles de vin. Ils essayent de déchiffrer les étiquettes, on les aide un peu. On est sympa, mais on ne fait pas trop d'efforts non plus, ce ne sont pas de gros acheteurs, ils veulent simplement une quille pour le repas du soir, au gîte. On leur conseille les rouges de la Rioja Oriental, anciennement Rioja Baja, la *cosecha* de l'année passée, des vins agréables, sans complexe et à boire au plus tôt.

Certains s'étonnent. Le Rioja a quand même une autre réputation qu'un simple vin de table ! Un Rioja à moins de dix euros, qu'est-on en train de leur vendre ?

On sourit de leur naïveté. Derrière le nom commun de "Rioja", se cache une multitude de terroirs accouchant de vins très différents. Si les sols argilo-calcaires des hautes terrasses de la Rioja Alta permettent, grâce à la pauvreté en nutriments et la capacité de drainage qui les caractérise, la production de grands vins au long potentiel de garde, les plaines alluvionnaires des fonds de vallée de la Rioja Oriental donnent des vins plus simples, à boire jeunes.

Devant leurs regards sceptiques, on leur conseille de se dévier de leur chemin le lendemain pour découvrir la Rioja et ses merveilles. Ils rient de bon cœur. Rien ni personne ne saurait détourner un marcheur de Saint-Jacques de Compostelle du *Camino* qu'il s'est fixé.

Logroño, 19h.

Les derniers randonneurs ont rejoint leurs gîtes, ont fait tamponner leurs credencials et sont déjà attablés pour le souper. Ils ne suivent pas le rythme espagnol qui veut que l'on ne dîne pas avant une heure plus avancée de la soirée, mais ils sont pardonnés, le lendemain dès l'aube, ils seront déjà en route pour la prochaine étape.

On ferme la porte de la boutique, coup de clef pour verrouiller la grille, et on rejoint les rives de l'Ebro où la voiture est garée. On traverse le fleuve puis on suit son cours, ses détours, jusqu'au domaine de tonton, en Rioja Alavesa, à une vingtaine de minutes de là.

La Rioja Alavesa est la plus petite des trois zones de production de l'appellation Rioja. Avec la Rioja Alta, elle est réputée pour produire les meilleurs vins du pays. Protégée par les montagnes Cantabrian au nord, ses vignes se déclinent en pente raide et poussent sur un sol de craie et d'argile qui joue un rôle décisif quant à sa réputation. Elles sont plantées à faible densité afin de ne pas se faire concurrence dans leur recherche de nutriments dans le pauvre sol environnant, permettant ainsi de déambuler sans problème entre les rangs.

La Rioja Alavesa est également la région la plus proche des trois de l'océan Atlantique et l'influence de ce dernier se fait ressentir dès que l'on sort de la voiture. Une brise chargée d'humidité nous balaye les cheveux. L'air froid du nord est à l'origine de températures fraîches bienvenues pour la maturation du Tempranillo, cépage roi de ce coin du monde.

Tonton nous accueille en fanfare, il est occupé à griller des côtelettes d'agneau sur les braises de sarments de vignes. Au menu, patatas a la riojana. On en salive d'avance. Ce soir, on va copier les marcheurs du Saint-Jacques, on ne va pas traîner, tonton a prévu un réveil matinal pour le lendemain. On est venu l'aider pour ses vinifications en rouge qui débutent, pas pour *dormir la mona*[19].

Effectivement, le lendemain, tonton nous sort du lit aux aurores. On rejoint les bâtiments techniques où son équipe de travail s'affaire déjà au milieu des cuves et des barriques. Les chais sont agités comme une fourmilière. Tonton nous explique que deux opérations sont menées de front.

D'un côté, les raisins issus de ses parcelles en Rioja Oriental, vendangés il y a plusieurs jours, viennent de terminer leurs fermentations et sont maintenant pressés pour être mis en bouteille. Vinifiés en semi-carbonique, une technique permettant de renforcer les arômes tout en gardant les tanins discrets, ces vins sont portés sur le fruit, le fruit, et seulement le fruit. Pas d'élevage en barrique, le pur style variétal est recherché. Une fois mis en bouteilles,

---

[19] Expression espagnole pour "faire une grasse matinée"

étiquetés et apostillés *Joven*, ou *Cosecha*, signifiant qu'aucun vieillissement en fût n'a eu lieu, ils sont prêts à être bus.

Les ouvriers se bousculent autour des machines, le jus de goutte, le futur vin, à peine pressé est remis en cuve tandis que le jus de presse est conservé à l'écart. Il servira peut-être à renforcer une structure tannique jugée trop faible.

De l'autre côté, les vignes tout juste vendangées des parcelles en altitude de la Rioja Alavesa, destinées à produire de complexes vins de garde, terminent seulement leur fermentation alcoolique. Dans les cuves, les peaux et les pépins baignent encore dans le jus de raisin. Le sucre s'est transformé en alcool, on va maintenant drainer le jus et presser avant que la fermentation malolactique n'ait lieu.

Puis, on transvasera le jus dans de grandes barriques. Tonton souhaite que la FML, comme il la nomme, se fasse au contact du bois, cela permet de mieux intégrer ce dernier au bouquet aromatique final. Tonton a horreur du vin que l'on boit en ayant la sensation de *chupar una lija*, lécher une bûche.

Les initiés du monde du vin adorent recourir à l'anagramme FML pour parler de ce processus de fermentation lors duquel les acides maliques, tels ceux présents dans une pomme, se transforment en acides lactiques, ceux du lait. Ça leur donne un petit air connaisseur. C'est aussi beaucoup plus rapide à prononcer que fermentation malolactique. Ce processus parfois évité, parfois recherché, dans la production de vins blancs, est un passage plutôt obligé de la production de vins rouges.

On passe la journée à transférer d'immenses quantités de vins de cuves en barriques. Ces dernières n'en sont pas à leur premier usage. Elles ont servi pour les millésimes précédents et sont, par conséquent, peuplées de bactéries constituant l'habitat idéal pour que la fermentation malolactique se déclenche d'elle-même, une fois remplies.

On termine la journée, éreinté.

Chaque large barrique contient un cépage différent, Tempranillo, Graciano, Mazuelo, Garnacha Tinta, Monastrell... Si le premier est le cépage phare de la région, il est plutôt prévisible et nécessite les autres pour donner un vin de caractère et la complexité voulue.

La fermentation malo-lactique va durer entre deux et trois mois, le plus compliqué reste à faire, il est impérieux d'être extrêmement vigilant pendant toute sa durée. On va devoir surveiller, effectuer un contrôle permanent des températures, se maintenir entre 18 et 25 degrés, afin de réduire les risques d'altération du vin.

Puis, les cépages seront assemblés une première fois, et peut-être plus tard une seconde fois, en fonction de la maturation en bois français et des différents résultats obtenus. L'élevage en barrique des vins issus des parcelles de Rioja Alavesa peut durer de longs mois, voire des années, dans une cave à la température adaptée, plus fraîche. Tout dépend du niveau que l'on souhaite atteindre, allant du *Crianza* au *Reserva*, jusqu'à l'ultime *Gran Reserva* qui impose une maturation totale, bouteille et barrique confondues, de cinq ans.

D'ailleurs, ce soir, pour clôturer la difficile journée, tonton sort de sa cave une des ses fameuses bouteilles de *Gran Reserva*. On admire le liquide rouge aux teintes orangées, témoins silencieux de son âge, captivé. Tonton rigole, celui-là il est *del año de la pera*. Vieux comme le monde.

On tend son verre, soucieux, le vin paraît si fragile qu'on a peur qu'il s'évapore.

Mais au nez, puis en bouche, c'est intense. Il s'agit d'un assemblage. Une base de la valeur sûre qu'est le tempranillo, soutenue par la concentration en fruits noirs et l'acidité qu'apporte le graciano, gardien de la structure tannique ayant permis le vieillissement, sublimé par les arômes du mazuelo, le nom local donné au carignan.

Les arômes de fruits rouges, noirs, ont évolué vers des saveurs de fruits confits, de fruits cuits tandis que la durée du vieillissement, en barrique et en bouteille, a apporté ses notes de café, de cuir, de sous-bois.

C'est extraordinairement complexe, très porté sur les arômes tertiaires. Tout est parfaitement équilibré. L'alcool, qui a tendance à prendre le dessus dans les Rioja jeunes, se fond impeccablement dans la structure, les tannins sont soyeux, fondus, c'est onctueux.

Un joyau ibérique, il n'y a qu'en Espagne qu'on fait ça.

11.
Mosel, Riesling.

Sur les eaux de la Moselle, 17h.
On soupire de soulagement, on est bientôt de retour au point de départ.
Le bateau tangue doucement, au fil de l'eau, berçant les touristes épuisés par leur journée de découvertes. On fixe l'horizon, on voit la silhouette de Bernkastel-Kues se dessiner. On a quitté la ville ce matin, on a embarqué notre lot de vacanciers, un lot plutôt clairsemé, cela se justifie par la saison. Les premiers jours de novembre sont arrivés, avec eux se sont enfuis les touristes, on effectue les dernières excursions de l'année. Déjà, la nuit tombe et pour les clients, il fait trop froid à bord du bateau. On les entend qui frissonnent alors qu'on tourne gentiment la barre pour se préparer à accoster.

Il faut dire qu'ils ont eu une grosse journée. On a navigué jusqu'à Trèves, la ville la plus au sud de cette région nommée Middle Mosel, la Moselle Centrale, le véritable cœur de la Moselle, où l'on peut admirer les plus beaux vignobles du coin.

Plus que la visite historique de la ville, plus que la légendaire Porta Nigra, cette monumentale porte fortifiée, plus que la Croix du Marché, symbole d'une souveraineté passée, plus que la cathédrale, c'est ça qu'on voudrait leur montrer, aux vacanciers, qu'on voudrait qu'ils réalisent, la beauté de ces vignes qui nous entourent, tout au long de la croisière. L'étendue somptueuse des vignobles qui plongent vers la rivière, les pentes rocheuses abruptes auxquelles s'accrochent les ceps, le prodige que représentent ces coteaux captant le moindre éclat de soleil afin de nourrir leurs raisins.

On essaye de leur expliquer, l'importance de l'orientation des vignes, comment le reflet de la lumière sur la rivière réchauffe les pieds, chasse le gel et permet une meilleure maturité des raisins. On leur décrit le précieux sol de schiste et d'ardoise, fidèle compagnon du Riesling, le cépage-phare de la Moselle.

Certains y sont sensibles, d'autres moins. Quelques-uns carrément pas. Ça n'a pas d'importance, on est ému devant tant de grandeur, chaque jour, à chaque voyage en barque, on ne s'en lasse pas. La vigne est partout, dans ce coin de l'Allemagne, elle règne en maître.

On débarque les derniers voyageurs de la saison sur le quai de Bernkastel-Kues. En un clin d'œil, ils se dispersent dans les rues de la petite cité traditionnelle.

On se hisse sur le ponton, derrière nous le soleil décline doucement sur les vignobles, le ciel se teinte de rose, de violet, puis d'un orange flamboyant. On frissonne, à la nuit tombée, le fond de l'air est frais, surtout aussi proche de l'eau, mais on a pour l'instant échappé aux pluies caractéristiques de la période. Tant mieux pour tata, qui, demain, vendange tardivement ses riesling.

De nombreux vignerons sont aux anges, cette année. Il semblerait qu'on soit en passe d'avoir une des plus belles récoltes possibles, il semblerait qu'on puisse produire des vins *Trockenbeerenauslese*, le summum des vins liquoreux, de l'or liquide qui vaut son pesant... d'or justement.

Trockenbeerenauslese, en allemand, signifie "sélection de baies desséchées", on est allemand, on fait bien les choses, quand on invente un (interminable) mot ça a au moins le mérite d'être logique. Si le mot allemand pour hôpital est littéralement "la maison des malades" (*krankenhaus*), pourquoi ne serait-ce pas aussi rationnel pour le vin ?

Mais ce que son nom n'indique pas, c'est que les baies desséchées, semblables à des raisins secs, des vins *Trockenbeerenauslese* doivent provenir d'un phénomène unique dans la région : de la pourriture noble. Et ça, on est loin d'en avoir suffisamment tous les ans pour produire un vin qui doit en être exclusivement issu, d'où l'engouement que cela déclenche.

La si précieuse pourriture noble s'obtient dans les vignes grâce à l'action d'un champignon nommé *Botrytis Cinerea*. Celui-ci peut aussi bien s'avérer une bénédiction, dans le cas de la pourriture noble, qu'une malédiction, la pourriture grise. La frontière est fine et l'on peut, en un battement de cils, passer de l'une à l'autre. Si la première nous assure des vins liquoreux d'une grande qualité, la seconde peut anéantir la totalité de la récolte.

Les conditions pour obtenir ce noble champignon sont extrêmement spécifiques : les raisins doivent avoir atteint leur complète maturité, et nécessitent de pousser dans une région sujette à l'humidité et à des brumes matinales, ce qui permet le développement du champignon béni. Il est toutefois absolument indispensable que les après-midi

soient ensoleillés et secs pour éviter justement que la pourriture noble se transforme en son homologue grise. Ainsi, la chaleur d'un après-midi radieux ralentira le développement de la moisissure tout en causant l'évaporation de l'eau présente dans les baies, ce qui les desséchera. Les raisins desséchés par le champignon qui s'est nourri de leur eau, sont alors concentrés en acides, arômes et sucres, la clé pour la création de vins liquoreux.
À l'instar du Sauternes, au sud de Bordeaux, et du Tokay, en Hongrie, l'Allemagne est passée maître dans la production de grands vins issus de pourriture noble. Et tata, dans son domaine de 12 hectares à proximité de Bernkastel, est en passe d'entrer dans la cour des grands.
Alors demain, aux aurores, on va aller l'aider et participer à la vendange.
19h. On termine la journée avec quelques copains, des bières et un kebab, *döner macht shöner*, sur fond de musique électro.

Il fait encore nuit quand on arrive au domaine, tata est déjà sur le pied de guerre. Elle donne les dernières consignes, d'une voix autoritaire, à son équipe d'ouvriers viticoles encore ensommeillés. Elle avise notre présence au moment de la distribution des sécateurs. Ses traits se détendent alors, un sourire éclaire son visage. Elle nous tend une veste polaire, ça va se réchauffer dans la journée, nous rassure-t-elle, mais pour l'instant le froid est de mise. Sans perdre une minute, on s'élance à l'assaut des vignes qui pointent vers les cieux. Les pentes sont raides, cela peut facilement devenir dangereux. L'air frais, l'effort de la montée, et le potentiel vertige ont vite fait de réveiller la totalité des vendangeurs.

Dans ce coin du globe, on n'a pas d'autre choix que de vendanger à la main, les pentes escarpées sont impraticables pour les machines. Parallèlement, la vendange de raisins botrytisés est toujours manuelle, les baies pourries sont fragiles et une vendange mécanique risquerait de les écraser prématurément. Accroupi dans la pente, en équilibre fragile, on redouble de soin en coupant les grappes flétries.

Le brouillard provenant de la rivière s'élève peu à peu alors que passent les heures, il est finalement dissipé par un soleil, d'abord timide puis rayonnant. L'astre darde ses rayons sur les vignes, son éclat se reflète dans les nuances dorées des raisins. On se réchauffe lentement.

C'est étonnant cette douceur, pour un mois de novembre dans le nord de l'Allemagne. Le climat y est continental, on est habitués aux étés doux suivis d'hivers rudes. La transition est généralement plus radicale. On ne va pas s'en plaindre, répond vivement tata à nos côtés lorsqu'on lui fait part de nos réflexions.

Toute la matinée, on passe et repasse entre les vignes. Les wagonnets font des allers et venues de bas en haut pour transporter la récolte. La propagation de la pourriture noble n'est pas uniforme, on est obligés de laisser de nombreuses grappes sur leurs rameaux, grappes qui ont encore besoin de quelques jours de maturation et seront récoltées plus tard. Le processus de ce type de vendange est long et délicat, il justifie en partie le prix final, élevé, de la bouteille.

En début d'après-midi, on redescend vers les bâtiments techniques, fourbu.

Dans le chai, tata exulte. Elle n'en revient pas de pouvoir enfin produire ce grand vin, ce joyau, qu'est le *Trockenbeerenauslese*. Elle rit, "sacré pied-de-nez aux VDP !", on secoue la tête en souriant, sans relever.

Le Verband Deutscher Prädikatsweingüter est une association de vignerons, les meilleurs de la région, indépendante, dont le but, à l'origine de leur création, était de mettre en avant les vins blancs secs allemands. Ses membres ont créé une distinction pour reconnaître les meilleurs blancs secs du pays, les Grosses Gewächs, indiqués *GG* sur les étiquettes, l'équivalent d'un Grand Cru en France. Cette classification n'est pas intégrée à la loi allemande sur les vins, mais elle a aujourd'hui acquis sa réputation et une indéniable reconnaissance.

En Moselle, de nombreux vignerons ont délaissé la production historique de vins incluant du sucre résiduel (les vins demi-secs, doux, moelleux voire liquoreux) pour une production exclusive de blancs secs. Un véritable effet de mode s'est mis en place à faveur de ce type de blancs et la majorité des vignobles ont suivi le mouvement afin de ne pas finir sur le carreau.

Tata aussi produit plusieurs cuvées de blanc sec, mais ses véritables amours sont les vins doux et, secrètement, elle en veut au VDP d'avoir imposé ce changement de consommation.

Plus objectivement, le VDP a effectué un formidable travail de revalorisation de vignobles un peu dépassés dans le contexte global, à l'origine de vins sucrés un peu désuets. L'association a redonné son importance au terroir et les résultats obtenus sont de beaux succès pour la viticulture allemande. Plus particulièrement, les Grosses Gewächs de Moselle, pour lesquels le riesling est l'unique cépage autorisé, connaissent aujourd'hui un large rayonnement à l'international.

Tata, toute à sa joie, nous entraîne au caveau de dégustation, il faut fêter cette prodigieuse vendange, ce millésime si prometteur. "Qu'est-ce que tu préfères, *Spätlese* ? *Auslese* ? Ou carrément un *Beerenauslese* ?", elle énumère la liste des Prädikat, un peu pour nous faire plaisir, un peu pour se la péter et montrer qu'elle les produit tous.

Les Prädikatsweine rassemblent les différentes catégories de vins sucrés produits en Allemagne. Ici, on classifie les vins non pas en fonction des cépages ou des régions, mais en fonction de leur teneur en sucre résiduel. Le niveau de Prädikat apparaît donc sur l'étiquette, élément essentiel pour aiguiller le consommateur dans son achat. Les *Kabinett* sont les vins les moins sucrés, ils peuvent même être secs. Suivent les *Spätlese*, aux sucres plus concentrés, généralement issus de vendanges tardives, plus matures, aux arômes de fruits plus mûrs. Enfin, les *Auslese*, *Beerenauslese* et *Trockenbeerenauslese*, les deux premiers souvent issus d'une certaine quantité de grains nobles, le dernier exclusivement. Entrent dans cette classification également les *Eiswein*, vins de glace, l'équivalent allemand des Ice Wines canadiens. Tata s'est bien abstenue de les

citer, elle n'en produit pas. Les raisins doivent geler sur les vignes, si bien que l'eau présente dans la pulpe se transforme en une glace qui, une fois les raisins ramassés et pressés, reste dans la presse, augmentant ainsi la concentration de sucres dans le jus. Ce sont d'authentiques raretés, très peu fréquemment produites.
Faisons-nous plaisir, va pour un *Beerenauslese*, le plus doux de son énumération.
Tata verse le vin dans un verre avec une grande attention, presque effrayée de le blesser. Elle nous le tend et la fierté se lit sur son visage.
On est toujours surpris par la première gorgée de ce type de vin. À la vue de cette robe dorée, si dense, on s'attend toujours à quelque chose de trop sucré, d'écœurant. Mais les riesling de Mosel ne sauraient faillir à leur réputation.
C'est léger en alcool, ça coule dans la gorge, c'est ravissant. On détecte des arômes de pêche jaune mûre, de fruits tropicaux, on sent la mangue, puis l'abricot. L'exotisme le dispute à la finesse. On perçoit cette sensation légère de miel, de cire d'abeille, qui lie le tout.
En contrepartie, l'acidité intense, si caractéristique du riesling fait son travail, apporte son lot de fraîcheur. Elle

persiste sur le palais, picote presque. Essentielle, elle donne un équilibre subtil, révèle l'harmonie des arômes.

Les Français n'ont qu'à bien se tenir avec leur Sauterne de luxe et autres liquoreux, pour l'amour du riesling, on serait prêt à leur déclarer une nouvelle guerre.

12.
Vienne, Grüner Veltliner.

Vienne, 17h.

On sort du Café Central où l'on est venu boire notre *Mélange* quotidien, le cappuccino autrichien, accompagné d'une part d'*Apfelstrudel,* la tarte aux pommes locale. On remonte l'avenue Herrengasse, on est en plein milieu de l'arrondissement agité Innere Stadt. On passe devant l'indémodable Café Sacher où se massent les touristes, avides de l'incontournable *Sachertorte*, la spécialité sous forme de gâteau au chocolat.

En hiver, la vie des Viennois est bercée par la valse et le café. Les habitants de la capitale impériale ont développé une véritable culture des cafés, "*Kaffeehaus Kultur*" dans le jargon, les chocolats viennois en étant la banderole.

On traverse le Ring, sorte de Champs Élysées viennois, large avenue bordée de parcs, de musées et autres monuments.

La journée de travail se termine pour une grande majorité d'Autrichiens : on commence tôt le matin, on s'est calqué sur le rythme du soleil, bien obligé puisqu'il n'est pas coutume d'avoir des volets aux fenêtres.

On gagne la Stephansplatz, on s'enfonce dans la bouche de métro, on prend la U1 pour rejoindre Alto Donau, le Vieux Danube. À Vienne, le Danube, longtemps abandonné, a été remis au cœur de la ville, il se découpe en trois "bras" principaux : le canal principal qui traverse le centre-ville, le Nouveau et le Vieux Danube.

En décembre, en fin de journée, ce dernier est le coin le plus couru de la ville. Les températures sont passées en dessous de zéro, cette partie du Danube, moins sujette au courant, a gelé. On y retrouve les familles dont les enfants s'essaient au patinage, les copains qui viennent improviser une partie de hockey.

Ici et là, des bars et quelques guinguettes, parsemés sur les rives du fleuve, reliés par des passerelles tremblantes. Les Viennois s'en donnent à cœur joie, loin du centre historique aux dalles battues par les touristes. Il faut bien admettre qu'en décembre, la ville en est assaillie. Il faut bien admettre qu'en décembre, la ville s'est parée de ses plus beaux atours.

À la période de Noël, Vienne, majestueuse, fait honneur à son passé impérial et noble. Les décorations scintillantes viennent rehausser avec élégance les monuments historiques, les boutiques de luxe étincellent tels des joyaux, leur éclat ruisselant sur les cafés traditionnels proches, la ville brille de mille feux.

Les touristes investissent alors les rues, à la recherche d'une trace de l'esprit de Mozart, dans les pas de Freud, éblouis par les vestiges d'œuvres d'art de Klimt, s'imprégnant de l'histoire de la princesse Sissi dans le château de Schonbrunn.

19h. Au terme d'une partie de hockey exaltante, épuisé, on décide, avec les copains, d'aller se rassasier au marché de Noël d'Altes AKH. On reprend le métro, U1 en sens inverse. On change de ligne au niveau du parc du Präter, on aperçoit sa célèbre grande roue illuminée alors qu'on patiente à l'arrêt de tram.

Le marché de Noël d'Altes AKH est bien moins connu que celui de Rathaus, l'hôtel de ville, trop touristique malgré sa splendeur, sa patinoire et son carrousel.

On boit du vin chaud, on mange des pommes de terre au fromage de raclette, des Knödels, ces sortes de boulettes traditionnelles, on finit par se réchauffer au rhum arrangé.
On termine la soirée chez des amis à Stammersdorf, le 21ème arrondissement, au nord de la capitale.
Ici, on est encore à Vienne, mais on n'y est plus tout à fait.
Stammersdorf, c'est un quartier viticole et agricole au pied du Bisamberg, c'est la prouesse de l'agriculture urbaine. On est, à la fois, à seulement une heure du centre-ville en transports publics, et en pleine campagne. L'alternative idéale pour ceux qui ne sauraient se décider à quitter la capitale, mais rêvent d'un mode de vie plus provincial.
Ici, le long de la Stammersdorfer Kellergasse, les Heuriger, ces tavernes viticoles où l'on sert le vin annuel, sont légion. Elles sont généralement fermées en décembre, mais lorsqu'on a les bons amis aux bons endroits, on peut y accéder toute l'année.
Ces petits chalets à flanc de colline, aux agréables terrasses donnant sur les vignes, offrent une vue imprenable sur Vienne et le Danube. On y propose exclusivement le vin du vignoble viennois, unique capitale européenne à produire du vin entre les murs de la ville, de

l'année en cours, accompagné de plats simples et traditionnels.

Au début de l'automne, les Heuriger sont également le meilleur endroit pour profiter d'un verre de Sturm servi dans de petites chopes, traditionnellement utilisées pour la bière. Le Sturm, c'est l'équivalent du bourru en France. Il se boit dans les jours suivant la vendange, c'est un hybride entre jus de raisin et vin, un moût à peine fermenté, il est très faiblement alcoolisé, généralement à hauteur de 4°. C'est comme boire un jus de raisin gazéifié. En Autriche, il peut aussi bien être blanc que rouge. Le Sturm est doublement dangereux : son évolution quotidienne dans la bouteille sous l'influence des levures et gazs peut créer de jolies explosions et repeindre les murs, mais ce n'est pas là le plus traître : grâce à son taux de sucre élevé, il se boit très facilement, trop facilement... d'où son nom de "tempête" en autrichien. Lorsqu'on s'en rend compte, il est déjà trop tard.

En décembre, la période du Sturm est révolue. Mais les copains ont d'autres cartes dans leur manche. L'un d'eux est originaire du Burgenland, il a ramené de petites pépites en rouge, on termine la soirée avec de superbes vins, un Zweigelt, un Blaufränkish de Mittelburgenland. On leur aurait bien fait goûter les blancs de tata, productrice en Wachau, mais on y va que demain. Alors, on leur promet qu'on ne reviendra pas les mains vides, que la prochaine soirée sera sous le signe du Grüner Veltliner, le cépage roi de l'ancien empire.

Le lendemain, on se met donc en route pour la Niederösterreich, la Basse Autriche, la plus large région viticole autrichienne, la première, aussi bien en termes de production que d'exportation de vin.
Wachau se trouve à une petite heure de voiture de Vienne, on longe le Danube, les vignobles se font plus denses, plus pentus. On admire les terrasses abruptes enneigées, la fine pellicule blanche qui recouvre les ceps d'un grand manteau immaculé.
On traverse les DAC de Kamptal et Kremstal, réputées dans le coin, semblables à Wachau. La seule différence est qu'elles ont le statut de *Districtus Austriae Controllatus*, l'équivalent de l'AOC française, alors que Wachau n'en a, à ce jour, pas voulu et a développé son propre système de classification, le *Vinea Wachau Nobilis Districtus*. Les vins y sont catégorisés en fonction de leur niveau naturel d'alcool : des blancs légers aromatiques allant jusqu'à 11,5°, les *Steinfeder*, aux blancs secs vendangés plus tardivement à

minimum 13°, les *Smaragd*, en passant par les plus communs, les vins au degré d'alcool médian, les *Federspiel*.

Dans la sous-région de Wachau, les vignes se rapprochent encore du fleuve, elles sont plantées le long de coteaux abruptes, face au sud pour bénéficier d'une meilleure exposition au soleil, ce qui donnera au grüner veltliner et au riesling, les deux cépages phares de la région, cette forte concentration en arômes dont on est si fier.

On atteint le vignoble de tata, on sort de la voiture en frissonnant. Le climat très continental du pays se fait sentir, les étés sont chauds mais courts, les hivers sont rudes en Autriche. Heureusement pour la production viticole, le Danube modère les températures et adoucit la rigourosité de l'hiver. En été, le soir, les brises fraîches venues du nord provoquent l'amplitude thermique nécessaire pour que les raisins blancs conservent leur acidité.

On part à la recherche de tata qui nous a donné rendez-vous au domaine, sans plus de précisions, cela n'aurait pourtant pas été de trop. Chercher quelqu'un sur une propriété de trente hectares au milieu d'une douzaine de bâtisses distinctes revient à chercher une aiguille dans une botte de foin.

On finit par la trouver au sous-sol, au milieu des barriques, en plein batonnage. Penchée sur un fût, une tige à la main, elle remue le vin dans le but de suspendre les lies déposées au fond de la barrique. L'objectif de cette technique est de donner plus de corps au vin blanc final, développer des arômes plus complexes tout en conservant la pureté du fruit. En bouche, cela apporte une certaine onctuosité. Pour tata, c'est une étape essentielle pour produire un grüner veltliner de qualité.

Elle travaille avec de vieilles vignes, à faible rendement, qu'elle vendange tardivement pour obtenir un vin à la fois vigoureux et rond, élégant.

Le grüner veltliner est un véritable caméléon. En fonction du terroir, du climat et des techniques de vinification, il peut aussi bien produire un vin léger et vif, presque pétillant, qu'un vin riche et crémeux, d'une grande souplesse. Il peut se boire jeune, dans l'année, comme se vieillir de nombreuses années et développer d'intéressants arômes tertiaires.

La plus grande et plus ancienne appellation autrichienne de Weinviertel, où les vins sont produits exclusivement à base de grüner veltliner, divise la production de deux sortes : les *Klassik*, majoritairement issus de vignes à hauts rendements, qui donnent des vins légers, acides, plutôt simples, où dominent les arômes d'agrumes et de fruits jaunes, ainsi que l'incontournable note de poivre blanc qui caractérise le cépage, accompagné de touches de fleurs blanches, d'herbes. Quant aux grüner veltliner *Reserve*, ils proviennent de vieilles vignes à faible rendement, et donnent des vins plus concentrés, avec plus de corps, un taux d'alcool plus élevé, la même acidité élevée, véritable colonne vertébrale du vin. Ils sont généralement mis au contact de bois, en fût ou grâce aux lies et délivrent des arômes plus intenses de fruits mûrs, parfois même, lorsqu'ils sont plus vieux, de miel et de noisettes.

À Wachau, c'est plutôt ce second style que cherche à produire tata, à l'infime différence qu'elle est autorisée à utiliser du riesling et ne s'en prive pas.

Elle relève la tête de la barrique et, nous voyant approcher, s'en va chercher un pipette et deux verres à pied. Ni une, ni deux, elle transfère un peu du vin du tonneau aux verres. "Goûte-moi ça", c'est un ordre. On s'exécute avec grand plaisir.

On lève le verre, on essaye de déceler la couleur de la robe sous les lumières faiblardes du chai à barriques. Le liquide est trouble, il n'a pas encore été filtré.

On repère les arômes de pêche, de melon, les notes de silex aussi, ce qu'il est à la mode d'appeler "la minéralité" du vin. C'est un vin précis, d'une grande pureté. L'acidité est de mise, naturellement très élevée, elle est toutefois soutenue par une structure plus ronde, plus crémeuse, apportée par le contact avec les lies et la barrique. Ça a un léger goût de brioche, de beurre fondu. Dans quelques années, c'est certain, on pourra nettement détecter un côté *toasté*, légèrement grillé et d'autres arômes secondaires plus complexes.

C'est délicieux et extrêmement prometteur. On en ramènerait bien un tonneau entier aux copains.

On lève une nouvelle fois le verre, en direction de tata cette fois, en son honneur. Prost !

Remerciements

À celui qui m'a fait boire mes premières bouteilles, et continue de me faire découvrir ses régions de prédilection, le Languedoc, l'Espagne et l'Italie pour n'en citer que quelques-unes. À celui avant lui qui mettait son Saumur-Champigny en bouteille dans sa petite cave de tuffeau. À celui qui a partagé la majorité de ces voyages, qui s'est initié à ses dépens et est toujours d'excellent conseil doublé d'un soutien sans faille. À celle qui a attisé ma curiosité par ses mots lors de pluvieuses vendanges néo-zélandaises, et à celle qui depuis n'a cessé de m'inspirer et de me pousser toujours plus loin dans l'univers du vin.

Enfin, à mes deux premières lectrices, qui ont eu la patience de me soutenir bien que le vin ne soit en rien leur domaine de prédilection, et à celle qui a su donner une si belle image à mes mots.

Et puis, cela va sans le dire, à tous ces vignerons, ces professeurs, ces guides, tous ces professionnels du vin qui transmettent leur passion.